Stephanie Zibell

Rheingeschichten

Geschichte und Geschichten
aus dem Rheingau
und dem Mittelrheintal

SOCIETÄTS**VERLAG**

Alle Rechte vorbehalten • Societäts-Verlag
© 2008 Frankfurter Societäts-Druckerei GmbH
Satz: Nicole Proba, Societäts-Verlag
Karte Seite 150-151: Anna Hickler
Druck und Verarbeitung: freiburger graphische betriebe
Umschlaggestaltung: Jutta Schneider, Frankfurt
Printed in Germany 2008
ISBN 978-3-7973-1074-3

Inhaltsverzeichnis

Einleitung

Die Landschaft im Rheingau und im Mittelrheintal ist zweifellos wildromantisch. Kein Wunder, dass es unzählige Legenden und Geschichten gibt, die sich mit dieser Region beschäftigen. Der Rhein, seine Burgen und die zerklüfteten Felsen des rheinischen Schiefergebirges regten – und regen – die Phantasie der Besucher an.

Dieses Büchlein möchte jedoch nicht an die wunderschönen Rittergeschichten und geheimnisvollen Sagen anknüpfen, die sich mit dem Rheingau und dem Mittelrheintal beschäftigen. Vielmehr geht es darum, dem Leser weitgehend vergessene historische Ereignisse, denen man hier auf Schritt und Tritt begegnet, wieder in Erinnerung zu rufen.

Die Geschichten, die ich erzählen möchte, haben sich zu unterschiedlichen Zeiten abgespielt. Ich spanne einen Bogen vom 15. Jahrhundert bis hinein ins 20. Jahrhundert und präsentiere Menschen und Geschehnisse, die für die Region und manchmal auch für die Welt eine wichtige Bedeutung besessen haben. Auf ihre Geschichten stößt man beim Wandern oder auch im Rahmen einer Autofahrt, und manchmal fragt man sich, was es wohl mit dieser Person oder diesem Ereignis für eine Bewandtnis gehabt haben mag. Was gab den Ausschlag dafür, dass man an dieser oder jener Stelle eine Gedenktafel errichtete? Wer oder was verbirgt sich hinter den wenigen – manchmal dürren – Worten, die dort zu lesen sind?

Es war mir ein Anliegen, solche knappen Informationen mit Leben zu füllen. Herausgegriffen habe ich mir sieben verschiedene Orte, die nicht immer auch Ortschaften sind. Manchmal, wie zum Beispiel beim „Freistaat Flaschenhals" oder dem „Gut Hallgarten", handelt es sich um einen bestimmten Gebietsstreifen oder ein konkretes Gebäude. Unabhängig von ihrer Zuordnung unter die Rubrik Haus, Gemeinde oder Landstrich bieten diese Orte den Ausgangspunkt für neun verschiedene Geschichten, die ich erzähle und deren politischen oder sozialen Hintergrund ich dem aufgeschlossenen Leser und historisch interessierten Besucher des Rheingaus und des Mittelrheintals näherbringen möchte. Ehe ich in medias res gehe, also die jeweiligen Geschichten darbiete, stelle ich kurz die Orte vor, an denen sie sich zugetragen haben.

Ich beginne mit der Rosenstadt Eltville, die ihrem Besucher im Sommer nicht nur eine faszinierende Blumenpracht anzubieten hat, sondern darüber hinaus auch damit aufwarten kann, eine der ersten Städte der Welt gewesen zu sein, in denen gedruckt wurde. Kapitel eins, überschrieben mit **„Johannes Gutenberg und die Kunst des Buchdruckens in Eltville"**, gibt hierüber Aufschluss.

Das zweite Kapitel, **„Der gewaltsame Tod des Försters Orlopp"**, widmet sich dem Weindorf Hallgarten, das ein wenig abseits der vielbefahrenen Bundesstraße 42 liegt, und dessen 1916 so grausam ums Leben gekommenen Gemeindeförster Heinrich Orlopp.

Im dritten Kapitel geht es um das weltbekannte Städtchen Rüdesheim am Rhein. Oberhalb des Ortes thront – kaum zu übersehen – die Germania. Wäre es nach dem Anarchisten Friedrich August Reinsdorf gegangen, stünde sie heute nicht mehr dort. Doch das Vorhaben, die Germania zu sprengen, das im Kapitel „**Nieder mit der Barbarei, es lebe die Anarchie!' – Das misslungene Attentat auf Kaiser Wilhelm I. am Tag der Einweihung des Niederwald-Denkmals am 28. September 1883**" beschrieben wird, ging daneben. Die Germania steht bis heute und hält ihre Wacht am Rhein. In diesem Zusammenhang stellt sich für den Betrachter natürlich die Frage, welche Bedeutung die Figur der Germania damals besaß, und was wir heute mit ihr verbinden. Ich werde also im Unterkapitel „**Die Germania als Sinnbild der Nation**" auch ein wenig auf die Geschichte dieser Symbolfigur eingehen. Darüber hinaus gilt es, sich die Bedeutung des Niederwalds für die Geschichte der Bundesrepublik Deutschland in Erinnerung zu rufen. Das geschieht im Unterkapitel „**Die Bedeutung des Niederwalds für die deutsche Demokratie nach 1945**".

Das vierte Kapitel beschäftigt sich mit dem vor allem für seinen Rotwein berühmten Städtchen Assmannshausen. Dort befindet sich das weltweit bekannte Hotel „Krone". Dass dieses luxuriöse Etablissement dereinst einem „Revolutionär" Unterschlupf bot, ist allerdings nur wenigen bekannt.

Um wen es sich dabei gehandelt hat, und was dieser Mann im Schilde führte, enthüllt das Kapitel „**Die Assmannshäuser ‚Krone' als Herberge der 1848er Revolution: Ferdinand Freiligrath**". Im gleichen Kapitel wird übrigens noch einmal Hallgarten erwähnt. Auf seinem dortigen Gut lebte nämlich Johann Adam von Itzstein, der die Monarchie hinwegfegen und ein demokratisches Deutschland schaffen wollte, weshalb das Kapitel mit dem Titel „**Der Umstürzler im Bergdorf – Die 1848er Revolution in Hallgarten: Johann Adam von Itzstein**" überschrieben ist.

Sodann geht es um den „**Freistaat Flaschenhals**", an den Gedenktafeln in verschiedenen Gemeinden, darunter in Lorch und in Kaub, erinnern. Was hatte es mit jenem „Freistaat" auf sich, der nach dem Ersten Weltkrieg „ins Leben gerufen" worden war? Was für Geschichten sind damit verknüpft? Um herauszufinden, um was für ein geheimnisvolles Gebilde es sich hierbei handelt, möge der geneigte Leser das Kapitel fünf aufschlagen.

Im sechsten und letzten Kapitel, das die Überschrift „**Statt Brücken und Fähren – Der Rheintunnel von St. Goar-Zu Fellen/Prinzenstein nach Wellmich(-Ehrenthal)**" führt, geht es dann um einen längst vergessenen Tunnel, der Mitte des 20. Jahrhunderts unter dem Rhein hindurchführte. Die Geschichte seiner Entstehung und seines Vergessenwerdens soll hier erzählt werden.

Viel Vergnügen bei der Lektüre wünscht

Stephanie Zibell

P.S.: Wenn Sie Lust, Laune und Zeit haben, dann besuchen Sie doch einfach mal die Ortschaften, von denen in diesem Büchlein die Rede war. Wie Sie dort hinkommen, und was Sie jeweils erwandern oder erfahren können, verrät Ihnen das mit „**Weg- und Wanderführer**" überschriebene Kapitel. Da ist für jeden etwas Passendes dabei: für den Wanderer genauso wie für den Spaziergänger oder den Radfahrer. Mich jedenfalls würde es freuen, Sie im Rheingau oder im Mittelrheintal zu treffen!

Eltville am Rhein

Eltville — ursprünglich: Alta Villa — wurde im Jahr 1058 in der Lebensbeschreibung des Erzbischofs Bardo von Mainz, der Vita Bardonis, erstmals urkundlich erwähnt und 274 Jahre später, nämlich am 23. August 1332, von Kaiser Ludwig IV. (1281/82-1347) zur Stadt erhoben. Eltville, das sich über eine Fläche von rund 47 Quadratkilometer erstreckt, liegt 95 Meter über dem Meeresspiegel und umfasst insgesamt fünf Stadtteile, nämlich: Eltville selbst, also die Kernstadt, dann Erbach, Hattenheim, Martinsthal und schließlich Rauenthal. Mit seinen etwa 17.000 Einwohnern ist Eltville die größte Stadt im Rheingau. Sie liegt im Rheingau-Taunus-Kreis und ist somit Teil des Bundeslandes Hessen. Zum Gedenken an Johannes Gutenberg, der es der Stadt erst ermöglichte, zu einem der ersten Druckorte der Welt aufzusteigen, bezeichnet sich Eltville seit 2006 nicht mehr „nur" als Wein-, Sekt- und Rosenstadt, sondern führt zusätzlich den Beinamen Gutenbergstadt.

Johannes Gutenberg und die Kunst des Buchdruckens in Eltville

Johannes Gutenberg und die Kunst des Buchdruckens in Eltville? Ist das nicht ein Irrtum? Was hat der „Erfinder" des Buchdrucks mit dem kleinen, aber charmanten Städtchen im Rheingau zu tun? Sicher herzlich wenig, denn Johannes Gutenberg kam doch aus Mainz, oder etwa nicht? Jedenfalls fällt jedem, der sich mit Gutenberg beschäftigt, sofort das Mainzer Gutenberg-Museum oder die Mainzer Johannes-Gutenberg-Universität ein, aber sicher nicht Eltville. Wo also liegt sie, die Verbindung zwischen Johannes Gutenberg und Eltville? Um das herauszufinden, bedarf es der Beschäftigung mit der Geschichte des Buchdrucks, und parallel dazu muss der Lebenslauf des Mannes, den man allgemein als den „Erfinder" des Buchdrucks kennt, untersucht werden.

Beginnen wir zunächst einmal mit der Vita Gutenbergs. Wer war dieser Mann? Wo und wie hat er eigentlich gelebt? Was wissen wir überhaupt von und über ihn? Ein Blick in die Lexika macht deutlich: Viel ist es nicht, was wir über ihn und sein Leben wissen. Nicht einmal ein Bild – jedenfalls kein zeitgenössisches – gibt es von ihm. Alle bekannten Portraits entstanden Jahre, oft sogar erst Jahrzehnte nach seinem Tod. Und es steht zu befürchten, dass auch sie keine authentische Wiedergabe der Gutenbergschen Physiognomie bieten, sondern vielmehr ein Produkt der Phantasie des jeweiligen Malers darstellen.

*Gutenberg nach Wäinö
Aaltonen (vor dem Gutenberg-
Museum in Mainz)*
©*Foto: Hans-Peter Zibell*

Geboren wurde Johannes Gensfleisch zur Laden und zum Gutenberg – wie er vermutlich mit vollem Namen hieß – irgendwann zwischen 1394 und 1399 in Mainz. An welchem Tag oder in welchem Monat er zur Welt kam, bleibt unklar. Es gibt nur Vermutungen hierüber. So wird angenommen, dass der „Johannestag" – das wäre der 24. Juni – sein Geburtstag ist, denn in der Vergangenheit war es üblich, die Kinder nach dem Heiligen zu benennen, der am Tag ihrer Geburt verehrt wurde. Auch der Nachname zählte nicht zu den Konstanten, die den Menschen des 14./15. Jahrhunderts durch sein gesamtes Leben begleiteten. Üblicherweise führten die Familien der damaligen Zeit Nachnamen, die auf ihren Herkunftsort, oftmals aber auch auf ihren Wohnort oder ihre aktuelle Wohnstatt zurückgingen. Die Nachnamen waren daher ebenso veränderbar wie ein Aufenthaltsort.

Das Geschlecht der Gensfleischs – eine angesehene Patri-
zier-Familie – besaß in Mainz stattlichen Grund- und
Hausbesitz. Dabei handelte es sich um den Gutenberg-
Hof, den Johannes' Vater, Friele Gensfleisch, bewirtschaf-
tete. Da der Sohn dort vermutlich zur Welt kam, führte er
– zumindest zeitweise – den Nachnamen Gutenberg. Aber
die Familie Gensfleisch verfügte nicht nur in Mainz über
ein Anwesen, sondern außerdem noch in Eltville, das –
wenn man es geographisch nicht ganz so genau nehmen
will – schräg gegenüber von Mainz auf der anderen Seite
des Rheins liegt.

Früheres Gutenbergsches Anwesen in Eltville   ©Foto: Hans-Peter Zibell

Die Gensfleischsche Zweitresidenz im Rheingau war insofern von besonderer Bedeutung, als es in Mainz zuweilen
zu heftigen – mitunter auch gewalttätigen – Auseinander-
setzungen um die Herrschaft in der Stadt kam, vor denen
zu flüchten es sich empfahl. Der junge Johannes ver-
brachte daher sicherlich einen Teil seiner Jugend auf dem
Familienanwesen in Eltville. Auf einen zumindest zeitwei-
sen Aufenthalt in dem Rheingaustädtchen weist auch seine
Namensangabe im Verzeichnis der Universität Erfurt hin,
an der er sich – da es sich bei ihr um die Alma Mater des
Bistums Mainz handelte – vermutlich um 1418 ein-
schrieb. Er firmierte dort unter dem Namen „Johannes
von Alta Villa". Das ist die lateinische Bezeichnung für die
Stadt Eltville, deren Namensursprung also keineswegs
französisch ist, auch wenn die Schreibweise – „Ville",
französisch: Stadt – dies zu suggerieren scheint.

Nach Beendigung seiner Studien, die ihn unter anderem
nach Straßburg geführt hatten, kehrte Gutenberg zunächst
weder nach Mainz noch nach Eltville zurück, sondern blieb
bis mindestens 1444 im Elsass, wo er versuchte, sich unter
anderem mit der Produktion von Handspiegeln seinen
Lebensunterhalt zu verdienen. Gedacht waren diese Spiegel
für Wallfahrer, die sich – als Dank für eine unerwartete Heilung oder als Buße für eine üble Tat – auf den Weg machten, um einem bestimmten Heiligen oder einer mit ihm in
Verbindung gebrachten Reliquie ihre Referenz zu erweisen.
Mit Hilfe des Spiegels – so behaupteten wenigstens die
Hersteller – sollte es möglich sein, den Zauber und die
geheimnisvolle Ausstrahlung, die von den heiligen Orten
und den dort aufbewahrten Reliquien ausging, aufzufangen

und zu speichern, so dass der Pilger die Magie des Wall-
fahrtsortes jederzeit und überall wiedererleben konnte.

Es ist fraglich, ob das Geschäft mit den gutgläubigen Pil-
gern den erhofften wirtschaftlichen Erfolg brachte. Dagegen darf angenommen werden, dass die Arbeit an den
Spiegeln Gutenbergs Erfahrung im Umgang mit Metallguss und Metallprägung erweiterte, denn er hatte den
Wallfahrern nicht einfach ein Stück verspiegeltes Glas verkaufen wollen, sondern dieses immerhin in einen – gewiss
kunstvoll gestalteten – Metallrahmen gefasst. Sein auf
diese Weise gereiftes Wissen um den Metallguss nutzte er
später vermutlich, um – noch
in Straßburg – an einem
Modell zur Herstellung
beweglicher Lettern zu arbeiten und – vielleicht – erste
Druckversuche zu unterneh-
men.

Um 1448 ist Gutenberg dann
wieder in Mainz nachweisbar,
wo er sich mit der Fortent-
wicklung des Buchdrucks
beschäftigte. Mehr als zwanzig
Jahre investierte er in seine
Arbeit. Er sammelte techni-

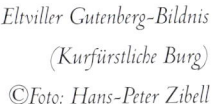

Eltviller Gutenberg-Bildnis
(Kurfürstliche Burg)
©Foto: Hans-Peter Zibell

sche Erkenntnisse, bearbeitete sie und entwickelte schließlich ein Modell zum Buchstabenguss, das die Druckkunst revolutionierte. Erfunden hat er das Buchdrucken demnach nicht. Ihm gebührt aber die Leistung, tradiertes und modernes Wissen miteinander verknüpft zu haben.

Eigenständig ausgearbeitet – im landläufigen Sinne also „erfunden" – hat er „nur" die Gussform für die Buchstaben. Die von ihm entwickelte Drucktechnik – die ihn, bis sie endlich „vollkommen" war, Unsummen gekostet hatte, die er nur über Kredite finanzieren konnte – erwies sich dann allerdings als so ausgefeilt, dass sie fast 350 Jahre unverändert in Gebrauch blieb. Sein erstes großes und weltweit bekanntestes Druckwerk ist die 1282 Seiten starke, zweiundvierzigzeilige Bibel, die als die „Gutenberg-Bibel" in die Geschichte einging. Sie entstand 1455 in Mainz. Bis dahin hatte sich Gutenberg vornehmlich mit dem Druck von Kalendern und Ablasszetteln über die Runden bringen müssen.

Doch geschäftliches Glück war Gutenberg auch nach seinem großen Wurf, der „Gutenberg-Bibel", nicht beschieden. Seine finanzielle Misere, in der er sich befand, weil er seine (Forschungs-)Arbeiten aus eigenen Geldmitteln nicht zu bezahlen vermocht hatte, war durch dieses Glanzstück der damaligen Buchdruckerkunst keineswegs auf einen Schlag beseitigt. Vielmehr war das Gegenteil der Fall. Gutenberg geriet mit seinem Geschäftspartner Johannes Fust (ca. 1400-1466) in Streit und verlor daraufhin seine

Druckerei, die sich fortan im Besitz seines früheren Kompagnons befand. Gutenberg war bankrott.

Doch zum Glück gab es Menschen, die ihn – anders als Fust – nicht fallen ließen, sondern seine Arbeit anerkannten und bereit waren, ihn auch weiterhin finanziell zu unterstützen. Auf diese Weise gelang es ihm, im Jahr 1460 das „Catholicon" zu publizieren. Dabei handelte es sich um ein Bibel-Lexikon, das sich seit dem Beginn des 14. Jahrhunderts großer Beliebtheit erfreute. Weil es sich jedoch um eine Handschrift handelte, existierten bis 1460 nur wenige Exemplare. Eines davon zu erwerben, war aus Kostengründen fast unmöglich. Folglich schien der Druck des „Catholicons" geeignet, Gutenberg zu einem wohlhabenden Mann zu machen, denn man konnte davon ausgehen, dass das Werk jetzt, da es nicht mehr ganz so teuer war, zahlreiche Abnehmer finden würde.

Gutenberg-Bildnis auf dem Gelände
der Mainzer Universität
©Foto: Hans-Peter Zibell

JOHANNES
GUTENBERG

Hof Bechtermünze in Eltville (heute Weingut Koegler)   ©Foto: Hans-Peter Zibell

Aber auch diesmal scheiterte Gutenberg. Sein Schicksal
hieß in diesem Falle Diether von Isenburg, den der Dru-
cker bei seinem Kampf gegen Adolf von Nassau unterstützte. Den Nassauer, also Adolf, hatte der Papst gegen
den ausdrücklichen Wunsch des Mainzer Domkapitels
zum neuen Erzbischof des Bistums Mainz ernannt. Damit
löste er die sogenannte „Mainzer Stiftsfehde" aus. 1462
musste sich Diether von Isenburg geschlagen geben. Die
Anhänger Adolfs hatten die Stadt erobert. Um seine
Macht zu sichern, wies der neue Erzbischof sämtliche
Gönner Isenburgs aus der Stadt und beschlagnahmte ihren
Besitz. So erging es auch Gutenberg. Er verlor den vom
Vater ererbten Hof zum Gutenberg, seine Druckerei sowie

sämtliche Exemplare des „Catholicons" und musste nach Eltville ins Exil gehen.

In dem Ort, in dem er nicht nur einen Teil seiner Jugend, sondern vermutlich auch manche Sommerfrische ver- bracht hatte, lebten die Familie seines Bruders Friele — der dort 1447 gestorben war — und die Gebrüder Bech- termünze, mit denen die Gensfleischs (oder Gutenbergs) offenbar weitläufig verwandt waren. Wie Gutenberg beschäftigten sich auch Heinrich und Nikolaus Bechter- münze mit der Buchdruckerei. Erfreut über diese Interes- sensgleichheit unterstützte und beriet Gutenberg die Elt- viller Brüder nach Kräften. Vermutlich übergab er ihnen — zumindest lieh er ihnen — seinen Typenapparat, der

sich nach wie vor in seinem Besitz befand. Darauf deutet jedenfalls das Buch „Vocabularius ex quo" hin, das bei Bechtermünzes in Eltville 1467 gedruckt wurde und mit der Type, die Gutenberg für den Druck des „Catholicons" verwendet hatte, identisch ist. Mit dem Erscheinen dieses Werks, also des „Vocabularius", stieg Eltville – neben Mainz, Bamberg, Straßburg, Köln und Subiaco bei Rom – in den Kreis der (ersten) europäischen Druckorte auf.

Für seine Verdienste um die Entwicklung des Druckwesens in Mainz, Eltville und – ab 1468 – dann auch noch

Kurfürstliche Burg in Eltville   ©*Foto: Hans-Peter Zibell*

im Kloster Marienthal erhielt Gutenberg am 17. Januar 1465 die erste und einzige offizielle Ehrung für sein Lebenswerk: Der Mainzer Erzbischof ernannte ihn in der Kurfürstlichen Burg zum Hofmann und gewährte ihm alljährlich angemessene Kleidung, zwanzig Malter Korn (ein Malter konnte 100 bis 700 Liter umfassen), zwei Fuder Wein (etwa 1600 bis 2000 Liter) als Haustrunk sowie Schutz vor seinen Gläubigern.

Gutenberg, inzwischen wohl kränkelnd und nicht mehr in der Lage, zu arbeiten bzw. ein neues Geschäft aufzubauen, nahm die Wohltaten des Erzbischofs dankbar entgegen. Er starb wahrscheinlich Anfang 1468 in Mainz. Jedenfalls wurde er in der dortigen Franziskanerkirche beigesetzt, die allerdings 1742 zum Abriss kam. Mit diesem Bauwerk verschwand zwar Gutenbergs Grab, nicht aber seine Erfindung, die sowohl Mainz als auch Eltville als Druckort weltberühmt gemacht hat.

Hallgarten im Rheingau

Hallgarten — ursprünglich Hargadun — findet um 1112 Erwähnung in einer Urkunde des Mainzer Johannesstifts. Darin hieß es, dass das Gut, das dereinst als Rast- und Erholungsort für Reisende auf ihrem Weg nach Winkel gedient hatte, nunmehr Eigentum des Winkeler Ritters Ruthard geworden sei. Der Verkäufer, der Mainzer Abt Zeizolf, hatte es gegen zwei Höfe in Freiweinheim eingetauscht. Wenig später — zwischen 1136 und 1141 — ging Hallgarten dann in den Besitz des Klosters Eberbach über. Anno 1806 wurde es Teil des neugeschaffenen Herzogtums Nassau und fiel in dieser Eigenschaft 1866 an Preußen. Im Jahr 1977 wurde das Dorf, das bis dahin als eigenständige Gemeinde firmierte, Teil der 1972 neu entstandenen Stadt Oestrich-Winkel, die insgesamt 12.000 Einwohner zählt und — außer Hallgarten — die Stadtteile Oestrich, Mittelheim und Winkel umfasst. Hallgarten liegt im Rheingau-Taunus-Kreis, und seine Einwohner sind allesamt Untertanen der hessischen Landesregierung, die in Wiesbaden residiert.

Der gewaltsame Tod des Försters Orlopp

Sonntag, 3. September 1916. Ein Bauer sucht den seit 1897 in Hallgarten amtierenden, aus Altweilnau stammenden Gemeindeförster Heinrich Orlopp im Forsthaus auf, um ihm mitzuteilen, dass die Wildschweine mal wieder Schaden angerichtet haben.

Das ist keine Seltenheit, denn das Dörfchen Hallgarten liegt direkt unterhalb eines ausgedehnten Waldgebiets, das durch die „Hallgartener Zange", einen 580 Meter hohen Bergrücken, auf dem sich seit 1884 ein Aussichtsturm befindet, „gekrönt" wird. Immer wieder kommt es vor, dass die Schwarzröcke ihr Waldrevier verlassen, um im Herbst über die süßen Trauben in den Weinbergen herzufallen oder anderweitig Schaden an Feld und Flur anzurichten, wie in diesem Fall: Der Bauer beklagt die Verwüstung seines Kartoffelackers durch eine Wildschweinrotte.

Orlopp, Jahrgang 1869, zum damaligen Zeitpunkt also 47 Jahre alt, beschließt, die Tiere abzuschießen. Anders ist ihnen nicht beizukommen. Er hat auch schon eine Ahnung, wo sich die Viecher verstecken. Er nimmt sein Gewehr, setzt seinen Dienststrohhut auf und verabschiedet sich gegen 19.00 Uhr von seiner Ehefrau Eva, mit der er seit 1898 verheiratet ist. Ihr kündigt er an, dass er gedenke, gegen 22.00 Uhr nach Hause zu kommen. Bis dahin wird es so finster sein, dass keine Aussicht mehr auf Jagderfolg besteht. Da macht es keinen Sinn, weiter auf der Lauer zu liegen.

Eva Orlopp, Tochter des Winzers Hell aus Hallgarten, ahnt nicht, dass es das letzte Mal sein wird, dass sie ihren Mann lebend sieht.

Der Förster macht sich auf den Weg in den Wald. Die Dämmerung setzt bald ein. Er muss sich beeilen, wenn er seine Mission – wie geplant – erfüllen will. Orlopp geht Richtung Mittelheimer Wald; hinter ihm liegen die Zange und die Kalte Herberge, der höchste Berg im Rheingau mit 619 Metern über dem Meeresspiegel.

Wenn es hier dunkel ist, wirkt der im Sonnenschein so friedlich daliegende Wald richtig unheimlich. Und wenn es dann noch knackt und knarrt, weil der Wind die Bäume biegt, oder größeres und kleines Getier durchs Unterholz streicht, kann dies selbst den Tapfersten das Fürchten lehren. Aber der Förster ist mit dem Wald vertraut. Er kennt seine Geräusche und weiß sie einzuordnen; und wenn Gefahr droht, hat er immer noch sein doppelläufiges Gewehr. Etwa um 20.00 Uhr herum, vielleicht ein bisschen früher oder später, trifft der Förster am Ziel – oberhalb des Unnerpfads im Walddistrikt Suskopf – ein und legt sich dort auf die Lauer. Doch die Wildschweine lassen sich nicht blicken, jedenfalls nicht so, dass Orlopp sie abschießen kann. Während er auf seine Gelegenheit zum Schuss wartet – der eine Lauf seiner Büchse ist mit einer Kugel, der andere mit einer Schrotpatrone geladen –, stopft er sich eine Pfeife. Das Rauchen soll ihm die Wartezeit „versüßen". Aber kaum hat er sich sein Pfeifchen angezündet, da vernimmt er ein merkwürdiges Geräusch.

Blick auf die Hallgartener Zange   ©*Foto: Hans-Peter Zibell*

Das klingt nicht nach Wild oder Wind. Orlopp meint, es sei menschlichen Ursprungs: Es hört sich an wie das Knallen eines Schusses! Und weit weg ist er nicht gefallen! Da hinten, aus dem Gestrüpp; von da muss er gekommen sein! Das gibt es doch nicht, denkt der Förster. Wer mag um diese Zeit – es ist inzwischen 21.00 Uhr und schon reichlich dämmerig – noch unterwegs sein? Orlopp beschließt, nachzusehen. Er erwartet keine besondere Gefahr, deshalb hat er seine Waffe zwar prinzipiell schussbereit, aber nicht unmittelbar im Anschlag und die Pfeife weiterhin im Mund. Dass das ein Fehler ist, bemerkt er erst, als es zu spät ist.

Als er nämlich in das Gestrüpp eindringt, stößt er auf einen jüngeren Mann. Vor dem liegt ein toter Rehbock. Orlopp weiß jetzt, dass er einen Wilddieb vor sich hat! Nun rächt sich seine Sorglosigkeit, die ihn wehrlos macht. Im Gegensatz zu dem Förster hat der Wilderer seine Waffe nämlich im Anschlag und zögert auch nicht, sofort von ihr Gebrauch zu machen. Orlopp sieht, dass der Mann, der nur wenige Schritte von ihm entfernt steht, seine Schrotflinte auf seinen Kopf richtet. Hastig versucht der Förster, sich gegen den Angreifer zur Wehr zu setzen. Er wirft die Pfeife in seine Tasche und will seine Waffe hochreißen – doch zu spät! Der Wilderer schießt zuerst! Die Schrotkugeln aus der Flinte des Wilderers – jede mit einem Durch-

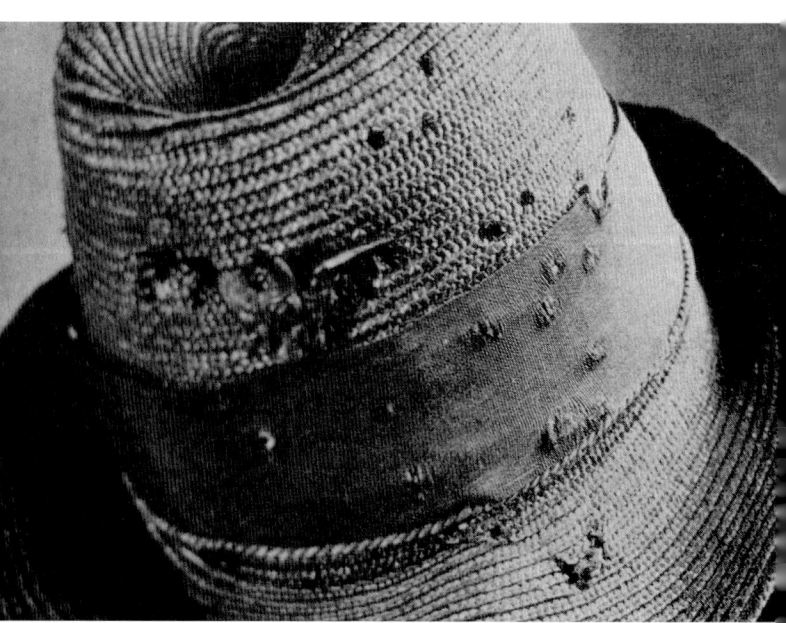

Orlopps zerschossener Dienststrohhut   *Quelle: Otto Busdorf: Förstermorde*

messer von 5 Millimetern – treffen Orlopp in den Kopf, zertrümmern seinen Stirnbeinrücken und zerstören Teile seines Gehirns, das aus den Wunden am Schädel austritt. Blutüberströmt bricht der Förster zusammen. In dieser Sekunde – zwischen den tödlichen Treffern und dem Zusammenbrechen Orlopps – löst sich aus dessen Büchse wahrscheinlich ein unbeabsichtigter und ungezielter Schuss. Dass dieser – er stammt aus dem Lauf mit der Kugel; die Schrotpatrone steckt noch in ihrem Lauf – den Wilderer am Hals streift, hat der Förster mit Sicherheit nicht mehr bemerkt. Er stirbt, während sein Mörder sich – unter Zurücklassung seiner Beute – eilends aus dem Staub macht.

Erst am nächsten Morgen wird der Tote entdeckt. Nachdem der Förster in der Nacht nicht – wie angekündigt – nach Hause gekommen ist, alarmiert seine Ehefrau morgens die Ortspolizei und die Dorfbewohner. Ein Trupp von 20 Männern macht sich daraufhin auf, um nach Orlopp zu suchen. Wenig später entdecken zwei Winzer aus der Suchmannschaft die Leiche des Försters.

Der Täter, auf dessen Ergreifung die Staatsanwaltschaft eine Belohnung von 1.000 Mark ausgesetzt hat, bleibt zunächst einmal unbekannt.

Dass der Wilddieb und Mörder Orlopps schließlich doch noch identifiziert und zur Verantwortung gezogen werden kann, ist einem Zufall zu verdanken. Während einer Bahnfahrt von Erbach nach Wiesbaden hört eine junge Frau, wie sich zwei Männer über den Förstermord unterhalten. Im Zuge des Gesprächs sagt der eine: „Das hätte er nicht tun sollen und den Förster gleich über den Haufen schießen." Die beiden Fahrgäste wissen also, wer für die ruchlose Tat, die — wie es in der Zeitung heißt — „eine allgemeine und tiefgehende" Entrüstung in Hallgarten, um nicht zu sagen im gesamten Rheingau ausgelöst hat, verantwortlich zeichnet. Die Zeugin verständigt daraufhin die Polizei, und dem Gendarmeriewachtmeister Heiser aus Eltville gelingt es schließlich am 10. September 1916, den Mann festzunehmen, der den Förster Orlopp auf dem Gewissen hat.

Bei dem Täter handelt es sich um den Schlosser Ludwig Kopp. Er arbeitet in einer chemischen Fabrik in Oestrich, wohin man ihn nach seinem Fronteinsatz kommandiert hat. Kopp weiß, dass es mit der Lebensmittelversorgung im Deutschen Reich nicht zum Besten steht. Der kommende Winter wird als „Steckrübenwinter" in die Geschichte eingehen. Die Menschen haben kaum mehr etwas Vernünftiges zu beißen; es gibt nur noch Steckrüben, und die finden sich schließlich überall: In der Suppe, im Brot, als Fleischersatz. Das Leben ist schwierig; vor allem dann, wenn man Familie hat, so wie Ludwig Kopp.

Kopp, 1889 im niederbayerischen Oberhof geboren, ist verheiratet und Vater von zwei kleinen Kindern, die gerade einmal vier und sechs Jahre alt sind. Die haben Hunger und müssen wachsen. Aber der Vater kann sie nicht ausreichend mit Lebensmitteln versorgen; schon gar nicht mit

Fleisch. Weil Fleisch aber wichtig ist, und seine Frau und er selbst auch gerne ein Stück Fleisch auf dem Teller liegen haben, beschließt Kopp, sich das, was er und seine Familie brauchen, einfach zu nehmen. Wenn er das Lebensnotwendigste auf normalem Wege nicht beschaffen kann, muss er eben zu anderen Mitteln greifen. Deshalb geht er an dem Tag, an dem er arbeitsverwendungsfähig geschrieben wird und sich auf den Weg in die Oestricher Fabrik machen muss, zunächst in ein Waffengeschäft. Dort — der Laden befindet sich in Worms — kauft er eine zerlegbare Lefaucheur-Doppelflinte und dazu zweiundvierzig Schrotpatronen. Er hat die Absicht, die Munition auf Rehe, Hirsche, Wildschweine, Hasen, Kaninchen usw. abzufeuern. Dass das unerlaubte Schießen auf die Tiere des Waldes den Tatbestand der Wilderei erfüllt, weiß er, aber er nimmt den Gesetzesverstoß billigend in Kauf. Was sein muss, muss sein, denkt er.

Mit dieser Überzeugung im Hinterkopf begibt er sich auch an jenem 3. September 1916, Orlopps Todestag, in den Wald. Damit nicht gleich die ganze Nachbarschaft merkt, dass er die Absicht hat, an diesem Abend im Bereich Hallgarten zu wildern, führt er seine Doppelflinte in zerlegter Form mit sich. So gut es geht, verbirgt er sie unter seiner Kleidung. Erst im Schutze des Waldes und der langsam anbrechenden Dunkelheit — es geht inzwischen nämlich auf 21.00 Uhr zu — setzt er sie wieder zusammen. Sodann legt er sich auf die Lauer, sein Gewehr schussbereit in den Händen. Konzentriert beobachtet er seine Umgebung. Kurz nachdem er seinen Posten bezogen hat, vielleicht fünf oder zehn Minuten später, bemerkt er plötzlich zwei Rehe! Er sieht, wie sie vom Wald in Richtung eines Feldes oder einer Lichtung wechseln wollen. Das ist seine Gelegenheit! Kopp nimmt die Flinte hoch und feuert auf die Tiere! Während das eine offensichtlich unverletzt fliehen kann, schleppt sich das andere, wahrscheinlich schon tödlich getroffen, hinter eine Eichenhecke, wo es schließlich – ob nun mit oder ohne Kopps weiteres Zutun – verendet. Der Wilderer freut sich über sein Jagdglück, doch die Freude währt nur kurz, denn plötzlich taucht aus der Dunkelheit der Förster Orlopp auf, und es kommt zu dem bereits geschilderten Schusswechsel, in dessen Verlauf Hallgartens Gemeindeförster sein Leben verliert.

Als der Forstbeamte tot zusammenbricht, weiß Kopp, dass er in ärgsten Schwierigkeiten steckt. Eiligst macht er sich davon; immerhin ist nicht auszuschließen, dass Orlopp nicht allein im Wald ist. Kopp lässt also Beute Beute sein, und sieht zu, dass er sich in Sicherheit bringt. Aber er ist verletzt. Er blutet am Hals, und zwar dort, wo ihn die Kugel aus der Büchse des sterbenden Försters gestreift hat. Kopp ahnt, dass ihn das verraten kann. Also muss er sich eine Geschichte ausdenken; eine Geschichte, die ihn entlastet, falls die Polizei eines Tages doch seiner habhaft werden sollte. Er überlegt also, die Vorkommnisse jenes Abends so zu schildern, als habe er – Kopp – aus reiner Notwehr gehandelt. Deshalb erzählt er später dem Gericht, Orlopp habe zuerst geschossen und ihn am Hals erwischt, als er – Kopp – über das tote Reh gebeugt gewesen sei. Daraufhin habe er seine Waffe hochgerissen und dorthin gefeuert, von wo der Schuss auf ihn nach seiner Einschätzung gekommen sein müsse. Auf keinen Fall habe er den Förster gesehen und daher auch nicht gezielt und in Tötungsabsicht auf ihn geschossen. Er habe ja noch nicht einmal richtig gestanden, als der Schuss aus seiner Flinte gefallen sei. Der von ihm abgegebene Schuss müsse als eine Art Panikreaktion verstanden werden. Er habe Angst bekommen und einfach blind zurückgeschossen. Jedenfalls sei es nicht seine Absicht gewesen, den Förster zu treffen, geschweige denn, den Mann zu töten. Nur ein Schütze, der steht, sei in der Lage, ein Ziel bewusst zu avisieren. Er aber habe nicht gestanden. Deshalb sei der Tod des Försters auch nichts anderes als ein schreckliches Unglück; ein fürchterliches Versehen; ein ungeheures Pech.

So lautet der Tenor der Koppschen Verteidigung.

Doch das Gericht mag den Ausführungen des Wilderers und seines Verteidigers, des Rechtsanwalts Pauly, keinen rechten Glauben schenken, zumal die medizinischen Sachverständigen die Darstellung Kopps aufgrund der Lage des Leichnams in Frage stellen. Hinzu kommt, dass Kollegen und Bekannte Orlopps überzeugend darlegen, dass der Förster ein gewisses Maß an Verständnis für Wilderer an den Tag gelegt hat. Selbstverständlich goutiert er das Wildern nicht, aber er weiß eben auch, wie schlecht es um die Versorgung der Menschen im Reich mit Fleisch und anderen wichtigen Lebensmitteln in Zeiten des Krieges bestellt ist. Deshalb hält er es für unangemessen, einen Mann, den er beim Wildern antrifft, durch einen Schuss zu verletzen oder gar ihn zu erschießen. Er hätte ihm immer die Chance gelassen, sich zu ergeben. „Der Förster Orlopp", schreibt der Journalist, der die Gerichtsreportage für das „Wiesbadener Tagblatt" anfertigt, die später das Rheingauer Lokalblatt, der „Rheingauer Bürgerfreund", nachdruckt, „ ... wird von allen anderen, die ihn näher gekannt haben, als ein Mann geschildert, der, von Natur aus gutmütig, kein Vertreter der schärferen Tonart gegenüber den Wilddieben gewesen sei, und der sich selbst ausdrücklich einem früheren Jagdherrn gegenüber zu einer milderen Art des Vorgehens bekannt [habe], sowie dazu, dass er nie

Hinweistafel auf der Hallgartener Zange   ©Foto: Hans-Peter Zibell

dazu übergehen werde, auf einen wildernden, vom ihm betroffenen [angetroffenen] Mann, ohne ihn anzurufen, einen scharfen Schuss abzugeben."

Nicht zuletzt deshalb verurteilt das Schwurgericht Wiesbaden – unter Vorsitz des Landrichters Lenhardt – den Schlosser Ludwig Kopp am Dienstag, den 16. Januar 1917 wegen gewerbsmäßigen Wilderns und Körperverletzung mit Todesfolge zu 3 Jahren und 2 Monaten Gefängnis. Die Strafe muss der Delinquent jedoch nur teilweise verbüßen, weil er sich freiwillig wieder an die Front meldet. Es heißt, er sei einige Zeit später gefallen.

Wahrscheinlich wäre der gewaltsame Tod des Försters Orlopp längst in Vergessenheit geraten, wenn es da nicht das Denkmal gäbe. Es steht nicht am eigentlichen Tatort, sondern befindet sich – eingedenk der Tatsache, dass Orlopp in Hallgarten zu Hause war – im Gebiet der im Hallgartener Wald gelegenen Kalten Herberge, unterhalb der Hallgartener Zange in Richtung Pumpwerk. Ein relativ unscheinbarer Holzpfeil weist darauf hin, dass wenige Schritte abseits des Waldwegs das „Förster-Orlopp-Denkmal" steht. Dabei handelt es sich um eine Bronzetafel, die an einer Natursteingruppe – wie sie in diesem Waldgebiet so häufig angetroffen werden kann – befestigt ist. Sie trägt folgende Inschrift: „Dem Andenken des am 3. September 1916 von einem Wilddiebe erschossenen Försters Heinrich Orlopp. Gewidmet von seinen Freunden und Berufsgenossen."

Förster-Orlopp-Denkmal   ©*Foto: Hans-Peter Zibell*

Errichtet und eingeweiht wurde das Denkmal anlässlich des 10. Todestags des Försters im September 1926 in Gegenwart des Oberforstmeisters sowie Vertretern der Gemeinde Hallgarten und zahlreichen Hallgartener Bürgern. Orlopps Kollegen, Freunde und Mitglieder des „Allgemeinen Deutschen Jagdschutzvereins" hatten das romantisch gelegene Denkmal durch Spenden finanziert.

Wahrscheinlich verlief die Einweihungsfeierlichkeit des Mahnmals ähnlich ehrwürdig, wie seinerzeit die Beisetzung Orlopps, über die es in einem Bericht des „Rhein-

gauer Bürgerfreunds" hieß: „Unter Beteiligung der ganzen Gemeinde fand heute Nachmittag [am Donnerstag,
dem 7. September 1916] die Beerdigung des von Frevler-
hand gefallenen Försters Orlopp statt. Förster trugen den
mit Waldesgrün geschmückten Sarg, dem die hiesigen
Vereine voranschritten. Am Grabe hielt der amtierende
Geistliche eine ergreifende Rede. Grabgesang und Cho-
ralmusik verliehen der Trauerfeierlichkeit eine tiefernste
Stimmung."

Knappe zwanzig Jahre
lang blieb das feierlich
eingeweihte Denkmal des
Försters Orlopp unver-
sehrt. Dann jedoch flo-
gen dem Toten schon
wieder Kugeln um die
Ohren, denn der für ihn
errichtete Stein und die
zu seinem Gedenken
gegossene Bronzetafel
wurden Opfer ,sinnlosen
Vandalismus'. Amerika-
nische Besatzungssolda-
ten, die in der Gemar-

Einschusslöcher in der

Orlopp-Gedenktafel

©*Foto: Hans-Peter Zibell*

kung Hallgarten stationiert waren, missbrauchten die
Gedenktafel als Zielscheibe für ihre Schießübungen, die
sie entweder aus lauter Langeweile oder aus purem Über-
mut durchführten. So wurde der arme Förster Orlopp –
im übertragenen Sinne – ein zweites Mal durchsiebt.

Ein Spaziergang durch den Hallgartener Wald ist also
mehr als nur ein gemütlicher Sonntagsausflug ins Grüne.
Die wunderbar ausgeschilderten Wanderwege, der herrli-
che Wald und die ihn kennzeichnenden Felsengruppen,
die oft ganz plötzlich und unerwartet am Wegesrand auf-

Blick auf den Hallgartener Wald   ©*Foto: Hans-Peter Zibell*

tauchen und sich mal bemoost und mal – wie am „Grauen Stein" – von einem einsamen Baum bewachsen präsentieren, dürfen nicht darüber hinwegtäuschen, dass es sich hier um geschichtsträchtigen Boden handelt. Daran zu denken und die Geschehnisse, die sich in diesem Wald abgespielt haben, in der Phantasie nachzuerleben, erzeugt dann doch ein etwas anderes Wandergefühl.

Rüdesheim am Rhein

Die Herkunft des Namens Rüdesheim ist unklar. In alten Urkunden hieß der Ort bisweilen Ruodinesheim oder Rothesheim; irgendwann wurde dann schließlich Rüdesheim daraus. Das Städtchen, das heute knapp 10.000 Einwohner zählt, wurde im Jahre 1074 erstmals urkundlich erwähnt. Diese Urkunde bezog sich bezeichnenderweise auf den Weinbau, der demnach für Rüdesheim seit Jahrhunderten von großer Bedeutung ist. Allerdings brachte der Wein und der Handel mit diesem den Rüdesheimern nicht immer nur Glück. Weil der Ort als wohlhabend galt, wurde er im 13. und 14. Jahrhundert mehrfach überfallen, geplündert und zerstört. Im gleichen Zeitraum, nämlich im 13. Jahrhundert, ging Rüdesheim in den Besitz des Erzbistums Mainz über. Im Jahr 1806 wurde er dann Teil des neuentstandenen Herzogtums Nassau und 1866 schließlich preußisch. Seit 1867 gehörte Rüdesheim zum von Preußen geschaffenen Rheingau-Kreis, der 1974 – im Zuge der Gebietsreform – zum Rheingau-Taunus-Kreis erweitert wurde. Das im Mittelrheintal gelegene Rüdesheim ist Teil des Bundeslandes Hessen. Es liegt 86 Meter über dem Meeresspiegel, erstreckt sich über eine Fläche von 51 Quadratkilometer und umfasst – außer der Kernstadt selbst – noch fünf weitere Stadtteile, und zwar Assmannshausen, Aulhausen, Eibingen, Presberg sowie Windeck / Trift.

„Nieder mit der Barbarei, es lebe die Anarchie!" – Das misslungene Attentat auf Kaiser Wilhelm I. am Tag der Einweihung des Niederwald-Denkmals am 28. September 1883

Am 28. September 1883 sollte das Niederwald-Denkmal bei Rüdesheim am Rhein in Gegenwart des deutschen Kaisers und Königs von Preußen, Wilhelm I. (Regierungszeit 1871-1888; Lebensdaten 1797-1888), der deutschen Bundesfürsten sowie der Spitzen der militärischen und zivilen Reichsgewalt offiziell eingeweiht werden.

Die Vorbereitungen hierfür liefen seit Wochen und Monaten und wurden von der Presse ausführlich begleitet und dem interessierten Publikum penibel geschildert. Gleiches galt für den nahezu minutiös geplanten Ablauf der Veranstaltung selbst: Am Morgen trafen Abordnungen des Militärs in Rüdesheim ein und zogen, mit „klingendem Spiele", hinauf zum Denkmal. Um 10.00 Uhr marschierten die aus ganz Deutschland eingetroffenen Repräsentanten der Turner- und Sängerbünde auf, ebenso die Vertreter der Studentenschaft und geladene Schüler der höheren Lehranstalten. Ab 10.30 Uhr trafen die eigentlichen Festgäste ein: Zuerst erschienen die Repräsentanten des politischen Lebens, dann, etwa eine Stunde später, die deutschen Fürsten, unter ihnen Prinz Luitpold von Bayern. Für 12.00 Uhr schließlich war das Eintreffen des Kaisers

avisiert, der in Begleitung eines der Kutsche vorauseilen-
den Trupps Husaren erschien.

Dass es Wilhelm I. beinahe nicht möglich gewesen wäre,
der feierlichen Zeremonie beizuwohnen, ahnte zu diesem
Zeitpunkt niemand. Erst im Frühjahr des Jahres 1884
sollte sich herausstellen, dass Attentäter aus dem Kreis der
Anarchisten versucht hatten, den Kaiser auf dem Weg von
Rüdesheim zum Niederwald-Denkmal in die Luft zu
sprengen. Niemand hätte dann erleben dürfen, wie in dem
Augenblick, da der Kaiser seinen Blick vom Denkmal weg
und hin zur Landschaft richtete, aller Schatten wich – es
herrschte nämlich absolut kein Kaiserwetter! –, und es
Licht wurde, wie Otto Sartorius 1888 pathetisch
beschrieb: „In diesem Augenblicke zertheilten sich die
drohenden schwarzen Gewitterwolken, und leuchtende
Sonnenstrahlen umflossen des Kaisers hohe Gestalt. Wie
ein Zeichen göttlicher Gnade empfanden dies die vielen
Tausende, die auf dem Niederwald versammelt waren ... ."
Und sie gedachten ergriffen der einmütigen, siegreichen
„Erhebung des deutschen Volkes und der Wiederaufrich-
tung des Deutschen Reiches 1870-1871", wie es die
Denkmal-Inschrift vorsieht, und lobpreisten ihren Kaiser
mit dem gemeinschaftlichen Absingen der Hymne „Heil
Dir im Siegerkranz, Vater des Vaterlands, Heil Kaiser
Dir!"

Ursprünglich war von den Attentätern sogar vorgesehen
gewesen, nicht nur den Kaiser selbst, sondern mit ihm
sämtliche Ehrengäste – und damit die Vertreter des von

den Anarchisten gehassten Staates – in die Luft zu jagen, doch dazu ist es nicht gekommen. Nun mag man vermuten, dass die Sicherheitsvorkehrungen, die zum Schutz dieser besonderen Festlichkeit getroffen worden waren, hierfür verantwortlich zeichneten, doch gerade das war nicht der Fall. Schutzmaßnahmen existierten im Grunde gar nicht. Nur deshalb konnte es den beiden Attentätern, dem Schriftsetzer Emil Küchler und dem gelernten Sattler Reinhold Rupsch, einen Tag vor dem großen Fest – also am 27. September 1883 – überhaupt gelingen, direkt an das Denkmal heranzugelangen. Hier stand bereits das Zelt, in dem sich der Kaiser während der Zeremonie aufhalten sollte.

„ ... Unterhalb der großen Freitreppe auf dem vorspringenden Balkon war ein mächtiges Kaiserzelt errichtet", beschreibt der Zeitzeuge Otto Sartorius die Szenerie, „geschmückt mit Kränzen und der Kaiserkrone, zu beiden Seiten hohe Masten, an deren einem die Reichsfahne wehte. Rechts und links der Freitreppe waren Tribünen errichtet für die eingeladenen Gäste und die Vertreter der Presse."

Rupsch, damals gerade 20 Jahre alt, und Küchler, Mitte 30, inspizierten in aller Ruhe Gelände und Denkmal. Niemand scheint sie bei ihren Untersuchungen am Terrassenvorbau, der sich direkt unter dem Kaiserzelt befand, gestört zu haben; niemandem fielen sie unangenehm auf. Offenbar gingen die zuständigen Behörden davon aus, dass in Anbetracht des Jubels um die Einweihung des

Denkmals auf dem Niederwald kein Mensch auf die Idee kommen würde, den hier anwesenden Repräsentanten des Staates und des schaulustigen Volkes Schaden zuzufügen zu wollen. Aber genau das hatten Küchler und Rupsch im Sinn.

Küchler kam im Zuge seiner Untersuchung der Örtlichkeit schließlich zu dem Schluss, dass die Dynamitladung, mit deren Hilfe der Kaiser und sein Gefolge in die Luft gesprengt werden sollte, am besten in einer „tiefe[n] Mauernische direkt unter dem Kaiserzelt" anzubringen sei, also direkt am Ort der Feierlichkeit. Rupsch sprach sich jedoch dagegen aus. Er favorisierte einen Anschlag abseits des Festorts und plädierte für die Installation des Sprengmaterials entlang der Straße von Rüdesheim zum Niederwald, die der Kaiser mit seiner Kutsche passieren würde, wenn er sich am 28. September 1883 zu dem neuerrichteten Denkmal begab.

Weshalb Rupsch Küchlers – im wahrsten Sinne des Wortes – todsicher erscheinenden Vorschlag ablehnte, ist nicht ganz klar. Er selbst behauptete vor Gericht, er habe das Attentat niemals befürwortet und nur deshalb mitgewirkt, weil er die Gelegenheit nutzen wollte, um den Anschlag zu verhindern. Es ist allerdings durchaus wahrscheinlich, dass es sich hierbei um eine Schutzbehauptung handelte, die ihm übrigens später – ebenso wie seine Bereitschaft zur Kooperation mit den Ermittlungsbehörden – das Leben retten sollte, denn er wurde 1885 als einziger der an dem Anschlag unmittelbar Beteiligten durch den Kaiser begna-

Straße zum Niederwald-Denkmal ©Foto: Hans-Peter Zibell

digt. Das heißt, er wurde nicht durch das Fallbeil hinge-
richtet, sondern mit lebenslangem Zuchthaus bestraft.

Beachtlich ist jedenfalls, dass es ihm immerhin gelang, seinen Komplizen Küchler von seinem ursprunglichen Plan,
direkt am Denkmal in Aktion zu treten, abzubringen.

Stattdessen beschlossen sie, die Sprengvorrichtung an der
Straße zum Niederwald, in etwa 600 Meter Entfernung
vom Denkmal, in einem Abflussrohr anzubringen. Nach
dem Abschluss ihrer umfangreichen Terrainerkundungen
holten Rupsch und Küchler das Paket mit dem Sprengma-
terial, das sie in einer Wirtschaft deponiert hatten, ab und

machten sich am selben Abend an den Aufbau der Vor-
richtung, damit sie am 28. September 1883 nichts weiter
zu tun hatten, als das Dynamit zur Explosion zu bringen.
Zu diesem Zweck wurde eine neun Meter lange Zündschnur verlegt, die mit Laub, Gras und Erde überdeckt
wurde, um sie unkenntlich zu machen. Der Sprengstoff
selbst befand sich in einer Abflussröhre. Nach getaner
Arbeit begaben sich die beiden Männer nach Rüdesheim,
wo sie die Nacht in einem Privatquartier verbrachten.

Am nächsten Morgen kehrten sie zurück und erwarteten
die Ankunft des Kaisers. Während Rupsch, mit einer
brennenden Zigarre in der Hand, neben der mit einem
Zündschwamm versehenen Zündschnur stand, hielt sich
Küchler etwas abseits von ihm auf, um die Straße zu beob-
achten. Als er des herannahenden Monarchen Gewahr
wurde, gab er seinem Komplizen das vereinbarte Zeichen
zur Zündung. Doch die Kutsche passierte die aufgebaute
Sprengvorrichtung, ohne dass etwas geschah. Die erwartete Explosion fand nicht statt. Küchler kochte vor Wut
und wollte auf der Stelle wissen, was geschehen bzw.
gerade nicht geschehen sei! Rupsch erklärte, er habe den
Zündschwamm mit seiner Zigarrenglut berührt, aber es
nicht geschafft, den Schwamm zu entflammen. Vielleicht,
so mutmaßte er, sei der Zündschwamm – oder die Zündschnur – feucht geworden?

In Anbetracht der Anbringung erscheint dies wahrscheinlich. Gras, Laub und Erde können – zumal im September
und in einem vergleichsweise hochgelegenen Gebiet mit

Baumbestand – so feucht sein, dass eine Zündung nicht möglich ist. Aus diesem Grund musste auch der zweite Versuch, den Kaiser – diesmal bei seiner Abfahrt – in die Luft zu sprengen, scheitern. Das heißt, Rupsch und Küchler hatten als Attentäter völlig versagt. Küchler, verärgert und inzwischen auch alkoholisiert, schlug vor, nach Wiesbaden zu fahren, um sich nun das kaiserliche Schloss vorzunehmen. Hier wollte er seine Sprengladungen anbringen, um den Schlossherrn nebst Gemäuer in die Luft zu jagen. Dass das ein absurdes und ganz und gar aussichtsloses Unterfangen sein würde, stand außer Frage. Deshalb lehnte Rupsch den Vorschlag auch rundheraus ab. Sodann verlangte der verhinderte Attentäter Küchler, wenigstens das Rüdesheimer Festzelt auf der Bleichwiese in die Luft zu jagen. Doch auch diesmal widersprach ihm Rupsch, der offenbar kein Interesse daran hatte, unschuldige Bürger zu verletzen oder gar zu töten, nur um irgendwie aktiv zu werden. Genau das wollte aber Küchler; ihn drängte es nach Aktivismus um jeden Preis. Schließlich gelang es ihm, Rupsch doch noch zu einem – wenn auch kleinen – Anschlag zu überreden. So warfen sie denn ihre Sprengladung nicht in, sondern hinter die Rüdesheimer Festhalle, so dass sich der Schaden, den sie anrichteten, in Grenzen hielt. Menschen wurden bei diesem Angriff nicht verletzt; es entstand lediglich Sachschaden.

Noch am selben Abend verließen Rupsch und Küchler Rüdesheim und kehrten nach Elberfeld zurück. Dort trafen sie auf ihren „Anstifter", den Initiator des Attentats, Friedrich August Reinsdorf, dem sie Rapport erstatteten.

Reinsdorf, 1849 im sächsischen Pegau geboren und von Beruf Schriftsetzer, nahm die Nachricht vom Scheitern des Anschlags gelassen auf. Gegen Feuchtigkeit und einen nassen Zünder sei eben kein Kraut gewachsen, meinte er.

Dass ein Attentat auf den Kaiser hatte stattfinden sollen, war an jenem 28. September 1883 niemandem aufgefallen. Allein der Anschlag auf die Festhalle in Rüdesheim wurde zur Kenntnis genommen, aber nicht weiter beachtet.

Als aufsehenerregendstes Ereignis dieses denkwürdigen Tages wurde ein vorzeitig abgesetzter Signalschuss empfunden, der dazu führte, dass die Rede Wilhelms I. beinahe nicht zu Ende gebracht werden konnte. Eigentlich sollte dieser Schuss erst fallen, wenn das Denkmal bzw. das dort angebrachte Relief enthüllt worden war, doch das ging gründlich schief und löste eine Kettenreaktion aus. Was als Höhepunkt der kaiserlichen Ausführungen und der Denkmalseinweihung gedacht war, fand nun mitten in der Rede des Monarchen statt: Die in Bingen aufgefahrenen Batterien schossen, was die Rohre zuließen, die auf den Rheinschiffen angebrachten Böller krachten los, und in der ganzen Umgebung läuteten die Glocken. Hiervon, aber nicht von einem – versuchten – Attentat auf den Kaiser kündeten die Chronisten der Einweihungsveranstaltung.

Erst im April 1884 kam offiziell ans Licht, was sich am 28. September 1883 im Niederwald über Rüdesheim am Rhein zugetragen hatte.

Im Januar 1884 wurde nämlich Friedrich August Reinsdorf in Hamburg festgenommen. Er stand im Verdacht, an
einem in Elberfeld durchgeführten Sprengstoffanschlag
beteiligt gewesen zu sein. Im Zuge der Auswertung bei
ihm gefundener Unterlagen und Dokumente stellte sich
heraus, dass Reinsdorf — seit Jahren bekennender Anhänger der Anarchisten — nicht nur für einen Anschlag in
Elberfeld mitverantwortlich zeichnete, sondern darüber
hinaus für das gescheiterte Attentat auf den Kaiser! Daraufhin wurden diverse Personen, die mit Reinsdorf in
Verbindung standen und an dem Mordanschlag auf Wilhelm I. beteiligt sein konnten, festgenommen, darunter
auch Rupsch und Küchler.

Am 15. Dezember 1884 wurde der Prozess gegen Reinsdorf, Küchler, Rupsch und andere wegen Anstiftung zum
Hochverrat, Mordversuchs und Brandstiftung vor dem
vereinigten 2. und 3. Strafsenat des Reichsgerichts in
Leipzig eröffnet.

Bereits wenige Tage später, am 22. Dezember 1884,
konnte das Gericht das Urteil verkünden: „Im Namen des
Reiches" wurden die beiden verhinderten Attentäter
Rupsch und Küchler sowie ihr Anstifter, Friedrich August
Reinsdorf, zum Tode verurteilt.

Reinsdorf hatte die ihm zur Last gelegten Vorwürfe zuge-
geben. Er habe den Kaiser tatsächlich umbringen wollen,
gestand er. „Es kommt nicht darauf an, ob der Kaiser, der
König oder der Kronprinz getötet werden. Aber wenn

jemand getötet wird, dann würden wir keine kleinlichen
Bedenken gehabt haben." Er sei davon ausgegangen, dass
nach dem Tod des Kaisers und einer Vielzahl politischer
Honoratioren die Freiheit des niedergehaltenen deutschen
Arbeitervolkes hätte herbeigeführt werden können. Dies
sei sowohl sein vordringlichstes politisches Ziel als auch
das der von ihm vertretenen „Anarchistischen Partei".

Was er konkret unter Anarchismus verstand, wurde dem
Gericht von Reinsdorf wie folgt erläutert: „In der anarchistischen Gesellschaft solle jeder Mensch die höchste
Stufe an Bildung und Entwicklung erreichen können. Die
anarchistischen Ziele seien, die Menschen von übermäßi-
ger Arbeit, Kummer und Not, von allem unnatürlichen
Zwang und Dummheit zu befreien." Nicht nur den „obe-
ren Zehntausend" durfte Bildung zuteil werden, nicht nur
ihnen sollten alle Genüsse, die das Leben bieten konnte,
zur Verfügung stehen – auch die große Masse hatte nach
Ansicht Reinsdorfs ein Recht darauf, solches zu erfahren.
Durch das Hinwegfegen der beherrschenden Klasse im
deutschen Staat würde sich diese Möglichkeit auf soziale
Gerechtigkeit und Teilhabe endlich realisieren lassen.
Darüber hinaus forderte Reinsdorf die Sozialisierung von
Grund und Boden, Kapital und Produktionsstätten,
kombinierte diese – auch von den Sozialdemokraten und
Sozialisten vertretenen Ideen – jedoch mit Utopien und
abwegigen Träumereien: „Grund und Boden, Kapital und
Produktionsstätten müssten der Gesamtheit gehören.
Feldarbeit sei nicht mehr vom einzelnen Arbeiter, son-
dern in Kollektivarbeit durch moderne Maschinen auszu-

führen. Die Arbeitergenossenschaften müssten zu internationalen Arbeiter-Assoziationen ausgebaut werden. Es bedürfe keiner Genies und keiner Autorität mehr, Stehendes Heer und Polizei seien überflüssig. Niemand brauche mehr als 2 Stunden täglich zu arbeiten. Arbeits-Leistung stehe nicht unter Zwang, es wird nur noch freiwillig gearbeitet."

Dass er den Anschlag auf das Leben Wilhelms I. nicht selbst versucht, sondern Rupsch und Küchler mit der Aufgabe betraut habe, sei allein seinem dauerhaft schlechten Gesundheitszustand – er litt seit geraumer Zeit vermutlich unter Lungentuberkulose – zuzuschreiben, erklärte er weiterhin. Auch das gewählte Mittel zur Ermordung des Kaisers verteidigte Reinsdorf gegenüber dem Gericht. Es sei durchaus legitim, eine Veränderung des politischen und gesellschaftlichen Systems mit Dynamit – also mit Gewalt – herbeizuführen. „Die Theorie der Anarchie schreibe kein taktisches Mittel vor, jeder könne handeln, wie er es für gut befinde. Es sei aber begreiflich, wenn ‚Geknechtete' Revanche übten und wenn Anarchisten Attentate auf gekrönte Häupter unternähmen." Das implizierte, dass Reinsdorf und seine Vertrauten die Ansicht vertraten, dass mit friedlichen Maßnahmen keine Veränderungen in Deutschland herbeigeführt werden könnten, weil die herrschende Klasse zu fest etabliert war und die arbeitenden Menschen absichtlich klein und dumm hielt, um sie bequem und gefahrlos ausnutzen zu können. Reinsdorf strebte demnach keine Reform, sondern eine Revolution an, um seine politischen Ziele zu erreichen.

Am 7. Februar 1885 wurden Reinsdorf und Küchler – Rupsch war begnadigt worden – in der Strafanstalt Halle an der Saale guillotiniert. Bevor sein Kopf fiel, schrie Reinsdorf noch: „Nieder mit der Barbarei, es lebe die Anarchie!" Genutzt hat sein Tun niemandem. Die Monarchie wurde nicht hinweggefegt, die Arbeiterschaft nicht befreit, und Demokratie blieb weiterhin ein Fremdwort. Die Anarchie hat zur Befreiung des geknechteten Volkes keinen Beitrag geleistet.

Hätten die von Friedrich August Reinsdorf beauftragten Attentäter Küchler und Rupsch ihren Sprengsatz, wie angedacht, in einer Mauernische im Terrassenvorbau des

Relief am Niederwald-Denkmal   ©*Foto Hans-Peter Zibell*

Niederwald-Denkmals installiert und gezündet, wäre vielleicht auch die Germania, die 11,80 Meter hohe, von dem Bildhauer Johannes Schilling aus Dresden entworfene und bei Ferdinand Miller in München gegossene Figur, von ihrem Sockel gestürzt worden.

Reichskanzler Otto Fürst von Bismarck-Schönhausen (Lebensdaten: 1815-1898; Amtszeit 1871-1890) hätte sich bei Germanias Fall womöglich die Hände gerieben. Er lehnte den Kult um die Germania nämlich rigoros ab und hatte sich daher auch geweigert, sowohl an der Grundsteinlegung des Niederwald-Denkmals am 16. September 1877 als auch an dessen Einweihung am 28. September 1883 teilzunehmen. Ausgerechnet Bismarck, der Reichskanzler und „Architekt" des „Gesetzes gegen die gemeingefährlichen Bestrebungen der Sozialdemokratie", also des sogenannten „Sozialistengesetzes" vom 18. Oktober 1878, wäre dem anarchistischen Anschlag folglich entronnen. Mit ihm und seiner strikten Ablehnung der Sozialdemokraten und Sozialisten, die für ihn nichts weiter als „vaterlandslose Gesellen" darstellten, und seiner Aversion gegen gesellschaftliche Reformen und die parlamentarische Demokratie hätten die Anarchisten also weiterhin rechnen müssen. Das politische Ziel, das sie mit dem Attentat verfolgten, wäre demnach kaum erreicht worden.

Aber daran, dass Bismarck die „Figur der Germania" als Symbol für die nunmehr – seit der Reichsgründung 1871 – geeinte deutsche Nation als „nicht passend" empfand, verschwendeten Reinsdorf und seine Mitstreiter bei ihrer

Attentatsplanung und den daraus resultierenden Folgen selbstverständlich keinen Gedanken. „Ein weibliches Wesen", so erläuterte Bismarck seine Ablehnung der Germania auf dem Niederwald, „mit dem Schwert in dieser herausfordernden Stellung ist etwas unnatürliches. Jeder Offizier wird dies mit mir empfinden."

Doch diese Ablehnung des Weiblichen als Repräsentanz der geeinten Nation war ebenso nur vordergründiger Natur wie der Hinweis auf ihre als herausfordernd, also fast kriegerisch empfundene Haltung, die einer Frau als Angehöriger des „schwachen" und damit vom Mann zu beschützenden Geschlechts nach Meinung Bismarcks nicht geziemte. In Wahrheit ging es dem Reichskanzler überhaupt nicht um die Frau bzw. die Weiblichkeit und ihren symbolischen Nutzen für die Innen- und Außendarstellung des Deutschen Reiches, sondern um die Frage, welche Bedeutung die Nation für den Erhalt der Macht im Staat besaß. Inwiefern konnte die Nation dazu beitragen, die Regierungsgewalt des Kaisers im Reich – und im Endeffekt auch in der Welt – zu stärken?

Die Schaffung eines Nationalstaats, in dem sich die Nation versammelte bzw. aufging, und zwar unabhängig davon, welche politische Ordnung, Staatsform und welches Sozialsystem in diesem Staat vorherrschte, erschien Bismarck daher zwangsläufig bedenklich, um nicht zu sagen gefährlich. Nach einem solchen Nationalstaat stand ihm nicht der Sinn. Für ihn war der Nationenbegriff untrennbar verknüpft mit dem politischen und dem sozialen System im Staat. Als ideales Regierungswesen galt ihm selbstverständlich die Monarchie, an deren Spitze ein in seinen Entscheidungsbefugnissen möglichst freier Regent stehen sollte. Für Bismarck stellte sich nun die Frage, wie er seine politischen Vorstellungen mit den Ambitionen und Zielen der Gründer des Deutschen Reiches von 1871, nämlich den deutschen Fürsten, aber auch mit den Wünschen des nach Einigung der Nation strebenden Volkes in Einklang bringen konnte.

Gelöst wurde das Problem schließlich durch die Errichtung einer konstitutionell – also durch eine Verfassung – reglementierten und dadurch in ihrer Entscheidungsfreiheit beschnittenen Monarchie im Deutschen Reich. Doch die Beschränkung der Macht des Monarchen durch eine Verfassung, in diesem Fall die Reichsverfassung vom 16. April 1871, entpuppte sich bei genauerer Betrachtung als schöner Schein, weil nämlich absolutistische Elemente fortbestanden. Demzufolge war die Verfassung nicht dazu geeignet, die Etablierung eines absolutistischen Systems in Deutschland zu verhindern, weshalb man von einer scheinkonstitutionellen Ordnung im Deutschen Reich von 1871 sprechen kann.

Am folgenden Beispiel lässt sich diese Erkenntnis festmachen: Als eigentlicher Souverän in Deutschland diente nämlich nicht etwa – wie die Verfassung suggerierte – der das Volk repräsentierende „Deutsche Reichstag", sondern der Kaiser in seiner Eigenschaft als Oberhaupt des Bundesrats. Dort, also beim Bundesrat, lag im Prinzip die

legislative – also die gesetzgeberische – Gewalt. Der
Reichstag war dagegen in legislativen Angelegenheiten
weitgehend kompetenzlos. Somit spielten die Volksvertre-
ter bei den zentralen politischen Entscheidungen in
Deutschland im Grunde genommen kaum eine Rolle. Die
eigentliche Macht im Staat lag in der Hand des Kaisers,
der den Bundesrat – also den Zusammenschluss der
Bevollmächtigten der das Reich bildenden Einzelstaaten
und freien Städte – präsidierte, beeinflusste und letztlich
dominierte. Die Macht, über die der Monarch verfügte,
war daher schier unbegrenzt, zumal er auch noch als
Reichsaußenminister und zugleich Ministerpräsident des
größten deutschen Landes, nämlich Preußen, amtierte.
Dank dieser sämtlichen ihm übertragenen Ämter verfügte
er über die Schlüsselpositionen, die ihm den Weg frei-
machten, politische Entscheidungen nach seinem Gutdün-
ken zu fällen oder zumindest vorzubereiten.

An dieser Ordnung wollte Bismarck nicht gerüttelt sehen.
Folglich durfte die Nation nicht über dem Staat angesie-
delt werden. Staat und Nation mussten eins und einig sein
und nach „Treue zu Kaiser und Reich" streben. Wer sich
dieser Ordnung verweigerte, wie es die „Linken" – also
Sozialdemokraten und Sozialisten – taten, konnte nicht
Teil der Nation sein, wie Bismarck sie sich vorstellte, und
musste daher mit Verfolgung rechnen.

Was aber hat das nun mit Bismarcks Ablehnung der Figur
der Germania zu tun? Die Antwort liegt in der geschichtlichen Entwicklung der Germania-Figur begründet, auf

die im Kapitel „Die Germania als Sinnbild der Nation"
ausführlicher eingegangen wird. Bismarck jedenfalls
ärgerte sich darüber, dass die Germania nicht sofort mit
der Monarchie in Verbindung gebracht wurde, also kein
eindeutiges Symbol für ein Deutsches Reich unter kaiser-
licher Herrschaft darstellte. Die Germania stand vielmehr
für die Nation, also die Deutschen, denen es nun gelungen
war, sich zusammenzufinden und einen eigenen Staat zu
gründen. Die Figur versinnbildlichte demnach zwar den
Nationalstaat, aber keine besondere staatlich-politische
Ordnung. Und das war Bismarck zu wenig. Gerade am
Niederwald hätte er viel lieber ein Denkmal gesehen, dass
sowohl die nationale Einigung als auch die kaiserliche
Macht über diese soeben geeinten Deutschen verkörperte.

Da sich die Verantwortlichen aber ganz offensichtlich
damit begnügen wollten, auf dem Niederwald ein Monument zu errichten, das „nur" an die Errichtung des Nationalstaats und den Sieg der Deutschen über ihren größten

Erinnerungstafel am Niederwald-Denkmal   ©Foto: Hans-Peter Zibell

und schlimmsten Feind, nämlich Frankreich, erinnern
sollte, lehnte es Bismarck ab, zur Einweihung eines solchen
Denkmals zu erscheinen.

Doch mit seiner ablehnenden Haltung gegenüber der Germania stand der Reichskanzler weitgehend allein, wie
schon die illustre Gästeschar beweist, die sich zu der Feierlichkeit auf dem Niederwald einfand. Für sie war in diesem Augenblick nichts wichtiger als die endlich gelungene
Schaffung der Einheit der Nation, für die die Germania
sinnbildlich stand, und die der Dichter Ferdinand Freiligrath mit folgenden Wort pries:

> *„Hurrah, Du stolzes, schönes Weib!*
> *Wie kühn mit vorgebeugtem Leib*
> *Am Rheine stehst Du da!*
> *Im vollen Brand der Juligluth,*
> *Wie ziehst Du frisch Dein Schwert.*
> *Wie trittst Du zornig frohgemuth*
> *Zum Schutz vor Deinen Heerd!"*

In die gleiche Kerbe schlug auch der Kurdirektor Wiesba-
dens, Ferdinand von Hey'l, zu Ostern 1871. In einem
Leserbrief an ein Wiesbadener Presseorgan schrieb er:
„In patriotischem Sinne sollte und müßte der Rhein dem
gesammten deutschen Volke, seinen Heldenfeldherren und
dem sieggekrönten Heere wohl eine Erinnerungsstätte
bereiten, spätere Zeiten und Generationen daran gemah-
nend, was unsere Brüder in Waffen zu des Vaterlandes
Ehre und Wohlfahrt in dem letzten heißen Kampfe gegen

Frankreich errungen. Gehört doch erst jetzt durch die Erfolge unserer heldenmüthigen Krieger der Rhein ganz und ungetheilt dem deutschen Vaterland, sind doch jetzt erst seine Ufer sicher vor fremdländischen Drohungen, geschützt vor einem frevelnden Uebergriff des streitsüchtigen Nachbarvolkes."

Erinnerung an den deutsch-französischen Krieg 1870/71

©*Foto: Hans-Peter Zibell*

Da Bismarck patriotische Gefühle allein nicht genügten, blieb er der Grundsteinlegung und Einweihung des Niederwald-Denkmals fern. Aber mochte es ihm auch gelungen sein, sich selbst demonstrativ dem Kult um die über dem Staat und seiner Ordnung stehende Nation zu entziehen, schaffte er es doch nicht, ihn zu unterdrücken. „ ... der Gedanke an den Aufbau eines großen, mächtigen Deutschen Reiches galt [jahrelang], wenn nicht als verwerfliche, so doch als kindische Träumerei", heißt es 1883 bei Thomas Cathiau, einem Zeitzeugen der Einweihungszeremonie und Autor eines Büchleins über das Niederwald-

Die „grünen Rheinhalden"   ©Foto: Hans-Peter Zibell

Denkmal. Weiter schreibt Cathiau: Germania sei die „Personifikation des geeinigten neuen Kaiserreiches, zu deren Hochaltar in langer Wallfahrt das deutsche Volk von allen Marken des Vaterlands im Augenblicke herbeizieht, von der Ostsee bis zu den Alpen, – wiederum zum Strom der Ströme, zum herrlichen hoffnungsgrünen Rhein, an dessen rechtem Ufer die Akropolis Germaniens sich über grünen Rheinhalden im hellen Sonnenglanze erhebt.“

Die Germania als Sinnbild der Nation

Bismarck hatte Weiland geklagt, es sei unpassend, eine Frau in Waffen zum Sinnbild der Nation, mithin also des Volkes, zu machen. Dabei ist es seit der Antike üblich, Abstraktionen – wozu Nation, Staat und Volk zweifellos zählen – durch (Sinn-)Bilder zugänglich und somit verständlich zu machen. Maler oder Bildhauer, die diese Aufgabe in der Regel übernahmen, verliehen dem Abstraktum in ihren Darstellungen zumeist menschliche Gestalt, die dann notwendigerweise entweder männlichen oder weiblichen Geschlechts war. Für die Abbildung einer Nation wurden übrigens durchweg Frauengestalten gewählt. Für Deutschland stand die Germania, für Frankreich die Gallia, Francia und später die Marianne, für Ungarn die Pannonia, Dänemark hatte die Moer Danmark, Schweden die Moder Svea, Großbritannien die Britannia, Polen die Polonia und Italien seine Italia. Ihre Posen waren unterschiedlich: mal martialisch, mal liebenswürdig, mal heiligenähnlich.

Die Germania, an der sich Bismarcks Kritik entzündete, gehörte schon seit Jahrhunderten zu den Frauen, die Deutschland symbolisierten. Aber welches Deutschland vertrat sie eigentlich?

Im Rom des 117 nach Christus verstorbenen Geschichtsschreibers Tacitus stand Germania für das östlich des Rheins gelegene Siedlungsgebiet der „Germanen", die dem römischen Autor als barbarisches Volk erschienen. Die

Germania auf dem Niederwald (Niederwald-Denkmal)

©*Foto: Hans-Peter Zibell*

Germania war folglich zeitweilig das Sinnbild für einen unzivilisierten, kriegerischen Volksstamm – mithin also für eine Horde Wilder. Diese Interpretation geriet aber im Laufe der Jahre und Jahrhunderte in Vergessenheit, was im Großen und Ganzen auch für die Figur der Germania galt.

Neuerliche und vergleichsweise intensive Beachtung erfuhr die Germania erst wieder nach der französischen Revolution 1789, durch die die Selbstbewusstwerdung der Nationen in Europa überhaupt erst angekurbelt wurde. Man verlangte nun europaweit die Zusammenfassung einer sprachlich und kulturell übereinstimmenden Volksgruppe zu einer Nation mit eigenen politischen Rechten, wie dies in Frankreich geschehen war. Doch die Vertreter des Heiligen Römischen Reiches hatten den französischen Idealen von Einheit, Freiheit und Brüderlichkeit den Kampf angesagt, weshalb die Herausbildung einer deutschen Nation in einem deutschen Nationalstaat unterblieb.

Österreich und Preußen, die beiden Großmächte innerhalb des Heiligen Römischen Reiches Deutscher Nation, beobachteten die Entwicklung in Frankreich mit großer Besorgnis. Es stand nämlich zu befürchten, dass die Welle der Revolution auf ihre Territorien überschwappte. Im Jahr 1791 kam es daher zur Pillnitzer Deklaration. Der zufolge zeigten sich Preußen und Österreich bestrebt, in Frankreich auf die Wiedererrichtung der Monarchie hinzuwirken, weil die im Zuge der Revolution erfolgte Abschaffung des Erbadels in Verbindung mit der Verkündung der Menschen- und Bürgerrechte drohte, auch die preußischen und österreichischen Adelshäuser ins Wanken zu bringen. Da Frankreich die in der Pillnitzer Deklaration niedergelegten Ziele als Einmischung in seine inneren Angelegenheiten empfand, erklärte es Wien am 20. April 1792 den Krieg. Dies war der Beginn des sogenannten Ersten Koalitionskriegs, in den auch Preußen – in seiner Eigenschaft als Verbündeter Österreichs – involviert war.

Weil die Ideen der französischen Revolution somit im Heiligen Römischen Reich nicht Fuß fassen konnten, konzipierte man das Monument einer weinenden Germania, die den von Leopold II. von Österreich und Friedrich Wilhelm II. von Preußen geführten Kampf gegen Frankreich – im

Zuge der sogenannten Koalitionskriege – geißeln sollte. Deutschlands Fürsten, so sollte in das Denkmal eingemeißelt werden, seien „blödsinnig", „treulos" und ihres „hohen Berufs unfähig". Sie hätten nur eines getan, nämlich „ihr deutsches Vaterland durch einen jämmerlichen Krieg in namenloses Elend" gestürzt und das deutsche Volk in einem Zustand „des blinden und thatenlosen Stumpfsinnes ... ‚hinunterfaulen'" lassen.

Während der Eroberungszüge Napoleons und der daraufhin einsetzenden Befreiungskriege mutierte die Germania immer mehr zur Heldengestalt im Kampf der Deutschen gegen den französischen Eroberer. In seiner Ode „Germania an ihre Kinder" schreibt Heinrich von Kleist:

„Zu den Waffen! Zu den Waffen!
Was die Hände blindlings raffen!
Mit der Keule, mit dem Stab,
Strömt ins Tal der Schlacht hinab! ...
Alle Plätze, Trift' und Stätten,
Färbt mit ihren Knochen weiß;
Welchen Rab und Fuchs verschmähten,
Gebet ihm den Fischen preis;

Dämmt den Rhein mit ihren Leichen;
Laßt gestäuft von ihrem Bein;
Schäumend um die Pfalz ihn weichen,
Und ihn dann die Grenze sein!
Eine Lustjagd, wie wenn Schützen
Auf die Spur dem Wolfe sitzen!
Schlagt ihn tot! Das Weltgericht
Fragt euch nach den Gründen nicht."

Aus den für ihre Revolution bewunderten Franzosen waren folglich seit der Machtübernahme Napoleons I. (Lebensdaten 1769-1821; Regierungszeit 1799-1814/15) Feinde geworden, die das Bestreben nach der Schaffung einer deutschen Nation untergruben. Nach der Kriegserklärung von 1792 marschierten nämlich französische Truppen in das

Reich ein und besetzten dort unter anderem Speyer, Worms und Frankfurt am Main. Während Frankfurt wenig später von preußischen und hessischen Truppen zurückerobert werden konnte, blieb das linksrheinische Reichsgebiet besetzt. Hier erlitten die Koalitionstruppen eine bittere Niederlage, die im „Frieden von Basel" und dem Rückzug Preußens aus der Kriegskoalition am 5. April 1795 gipfelte.

Infolge des Friedensvertrags von Campo Formio wurde das linke Rheinufer – von Basel bis Andernach – im Oktober 1797 Frankreich zugesprochen, und dieser Entschluss im 1801 unterzeichneten „Frieden von Lunéville" nochmals manifestiert. An einen deutschen Nationalstaat war folglich vorerst nicht mehr zu denken.

Nach der Reichsgründung 1871 mutete der Ton, der gegenüber den Franzosen angeschlagen wurde, nicht mehr ganz so kriegerisch an, aber der Tenor, der sich mit der Germania verband, blieb identisch. Folglich gilt auch für die Germania auf dem Niederwald, dass sie ein Symbol für den Sieg – und den Triumph – über Frankreich darstellt. Insofern ist sie ein Siegesmal, was auch durch den Lorbeerkranz – den Siegerkranz – verdeutlicht wird, der das Schwert umkränzt, das die Germania in ihrer linken Hand hält. Parallel dazu handelt es sich bei der Germania auf dem Niederwald aber auch um eine Hommage an die Nation, denn nur die „vereinten Anstrengungen des ganzen deutschen Volkes" vermochten den Sieg über Frankreich und die Errichtung des deutschen Kaiserreichs herbeizuführen. Symbolisiert wird diese Leistung durch die rechte erhobene Hand der Germania, die die mit dem Siegeskranz geschmückte Kaiserkrone als Zeichen der vollendeten deutschen Einigung hochhält. Deshalb handelt es sich bei der Germania auf dem Niederwald nicht nur um ein Siegesmal, sondern zugleich um ein Nationaldenkmal. Dass es sich bei dieser Nation, also dem Deutschen Reich, um einen nach Frieden strebenden Staat handelt, soll sowohl das „zu hoffentlich dauerhafter Friedens-Rast" gesenkte Schwert in Germanias linker Hand verdeutlichen als auch ihr nach links gedrehter Kopf. Sie schaut also nicht herausfordernd, und schon gar nicht mehr drohend und mit vorgebeugtem Leib in Richtung Frankreich, sondern in den Rheingau hinein, also gen Deutschland, dem endlich geeinten Vaterland, der künftigen Heimstatt aller Deutschen.

Als Symbol der Einheit der Nation hatten auch die Paulskirchenabgeordneten 1848/49 die Germania gesehen. Deshalb befand sich ein von Philipp Veit und Edward von Steinle geschaffenes, 5 x 3 Meter großes Bild der Germania, mit Eichenlaub bekränzt und mit der schwarz-rot-goldenen Trikolore ausstaffiert, über dem Präsidentenpult bzw. der Rednerbank in der Frankfurter Paulskirche. Doch anders als Schillings Germania von 1883 verkörperte diese Germania eine Nation, die ein bestimmtes politisches Ziel verfolgte, nämlich die Schaffung eines demokratischen Staates.

Auch das war ein Grund, weshalb Bismarck den Germania-Kult ablehnte. Schließlich trug sie, wie auch Eduard von Lade feststellte, der zu den Mitgliedern des Ausschusses gehörte, der zur Errichtung des Niederwald-Denkmals ins Leben gerufen worden war, „den Stempel republikanischer Empfindung".

Das heißt, die Germania war ein Sinnbild, also eine Allegorie, die von allen politischen Ideen und zu allen Zeiten genutzt – um nicht zu sagen: benutzt – worden war. Mal stand sie für die „barbarischen" Germanen, dann für die – im Zuge der Ausbreitung des Gedankenguts der französischen Revolution – Schaffung einer deutschen Nation im Sinne der Einigung und Selbstregierung der Menschen des deutschen Sprach- und Kulturkreises, hernach für die Abwehr Napoleons und seiner Truppen, schließlich für die demokratischen Bestrebungen der Paulskirchenparlamentarier und dann wieder für das Deutsche Reich von 1871, das den alten Feind Frankreich geschlagen und das deutsche Kaiserreich wiedererschaffen hatte. Es war der Germania demnach nie gelungen, zum Symbol für eine bestimmte politische Zielsetzung zu werden. Im Prinzip stand sie nur grob für Volk und Nation. Als Identifikationsfigur taugte sie daher wenig, denn wer immer sie nutzte, musste sich darüber im Klaren sein, wofür sie bereits gestanden hatte. Aufgrund der Tatsache, dass dies sehr unterschiedliche politische Vorstellungen gewesen waren, bot ihr Einsatz dem jeweiligen Gegner des Nutzers stets eine ideale Angriffsfläche.

Daher geriet die Germania im Laufe der Zeit immer weiter ins Hintertreffen, bis sie nach 1945 gänzlich von der Bildfläche verschwand. Den endgültigen Anstoß hierfür hat sicher das Dritte Reich gegeben, obwohl die Figur der

Germania in jener Zeit keine herausragende Bedeutung
besaß. Als Identifikationsmerkmale für die „Volksgemeinschaft" sowie „Führer und Vaterland" dienten andere
Symbole und Handlungen, darunter Fahnen, Hymnen,
Aufmärsche, Reichsparteitage sowie typisch nationalsozia-
listische Helden und Märtyrer. Aber die Absicht, Berlin
nach dem „Endsieg" in „Germania" umzubenennen, um
ein besonderes „Gefühl der Zusammengehörigkeit" zwischen der germanischen Volksgemeinschaft und ihrer
Hauptstadt zu erzeugen, war zweifellos der Todesstoß für
die Figur der Germania, die seither im Bewusstsein der
Deutschen überhaupt keine Rolle mehr spielt.

Dennoch mangelt es der Germania am Niederwald nicht
an Besuchern. Germanias Gäste kommen aus aller Herren
Länder. Die alte Dame wird — ob ihrer Monumentalität —
bestaunt und um ihren phantastischen Ausblick beneidet.
Man kann sie „erfahren", sich ihr also mit dem Auto
nähern, für das es auf dem zu ihrer Linken gelegenen großen Parkplatz eine (allerdings kostenpflichtige) Abstell-
möglichkeit gibt; man kann sie aber auch „erwandern",
zum Beispiel von Assmannshausen aus. Hier startet man
am besten an der Nikolaus-Schule.

Unmittelbar hinter der Schule beginnen die Weinberge.
Der Weg durch die gut befestigten Wirtschaftswege führt
Richtung Rüdesheim und eröffnet malerische Blicke auf
den gegenüberliegenden Binger Stadtwald, den früheren
Eisenbahnknotenpunkt Bingerbrück, das Binger Loch,
schließlich Bingen und sein Wahrzeichen, den Mäuseturm.

Steht man dann endlich vor dem Niederwald-Denkmal, rufe man sich die Ausführungen Ferdinand von Hey'ls vor Augen, der den Anstoß für die Errichtung dieses Denkmals im Bereich des Niederwalds bei Rüdesheim gegeben hatte: „Am Strome auf und ab", schrieb er am 13. April 1871, „gibt es keine entsprechendere Stelle für die Errichtung einer ‚Wacht am Rhein', als die vorspringende Höhe des Niederwaldes, gegenüber der Nahe-Mündung. Hier, umrahmt von der Buschwaldung ... fände eine Germania als Wacht am Rhein den geeignetsten Platz. Gegenüber dem Eisenbahnknotenpunkt Bingerbrück, über den sich der Strom unseres siegreichen Heeres nach Frankreich ergoss, auf dem rückkehrende, verwundete Krieger, die aus Frankreich ausgewiesenen Deutschen und die lorbeergeschmück-

Grabmal Hey'ls auf dem Wiesbadener Nordfriedhof   ©Foto: Hans-Peter Zibell

ten Sieger auf ihrem Heimweg den einigenden Mittelpunkt fanden, sollte jenes Denkmal füglich sich erheben."

Und so schaut man vom Niederwald hinüber auf die andere Rheinseite, die bis zum Zusammenbruch des Napoleonischen Reiches zu Frankreich gehörte. Unwillkürlich fällt einem dabei das französische Pendant zur Germania ein, die Marianne, und es stellt sich die Frage, ob sie auch zu den vergessenen oder überholten Symbolen Frankreichs geworden ist.

Die Antwort darauf lautet: Nein. Die Marianne ist nach wie vor „lebendig", und eine schöne, junge Französin verleiht ihr zuweilen ein neues Antlitz. Was unterscheidet nun die Germania von der Marianne? Im Gegensatz zur Germania steht die Marianne eindeutig für die Republik. In dem Maße, in dem sich die Franzosen mit ihrer Republik identifizierten und diese folglich mit Frankreich gleichsetzten, wuchs die Akzeptanz der Marianne als Wahrzeichen für Frankreich; konkret: für die französische Republik.

Erstmals in Zusammenhang gebracht wurden der Name Marianne und Frankreich vermutlich durch ein im Herbst 1792 veröffentlichtes, in okzitanischer Sprache – der langue d'oc – verfasstes politisches Lied aus der Feder des Jakobiners – also eines Anhängers der französischen Revolution und Robbespierres – Guillaume Lavabre aus Puylaurens/Tarn. In seinem „Mariannes Heilung" betitelten Lied berichtet er von der Heilung Mariannes, der es schlecht gegangen, die aber durch einen Aderlass wieder geheilt worden sei. Marianne stand dabei für die Republik Frankreich, die durch rigide Maßnahmen von monarchistischen Einflüssen und Bestrebungen befreit worden war.

Im südlichen, okzitanisch sprechenden Frankreich – also zum Beispiel in den Gebieten Limousin, Auvergne, Languedoc, Provence oder der Region um Nizza – wurde der Name Marianne alsbald aufgegriffen und als Sinnbild für die Republik benutzt. Im nördlichen Frankreich bürgerte er sich erst Mitte des 19. Jahrhunderts ein.

Warum Lavabre ausgerechnet den Vornamen Marianne als Synonym für die Republik wählte, bleibt ein Geheimnis. Vielleicht entschied er sich dafür, weil die Namen Marie und Anne, gerne auch in Kombination gewählt, zu den am häufigsten in der Landbevölkerung auftretenden Vornamen gehörten. Wenn man nun die Republik und das mit ihrer Installierung erstrebte Ziel, nämlich die Herrschaft des Volkes über den Staat, mit Marianne gleichsetzt, so geschieht das deshalb, weil Marie-Anne oder Marie und Anne die Verkörperung der Frau aus dem Volk – also das Volk als solches – darstellen und somit die „Revolution in ihrer volkstümlichen Zielsetzung und Antriebskraft" besonders beschworen wird. Darüber hinaus erleichterte es der volkstümliche, wohlbekannte Name den weniger gebildeten Anhängern der Republik, wie zum Beispiel Arbeitern und Bauern, über das von ihnen favorisierte politische System zu sprechen. Es war doch viel einfacher, einen vertrauten Namen wiederzugeben, als das komplizierte und schwer verständliche Wort „Republik" zu formulieren.

Die Bedeutung des Niederwalds für die deutsche Demokratie nach 1945

Nach allem, was wir bislang über den Niederwald bei Rüdesheim am Rhein in Erfahrung gebracht haben, scheint es, als sei dieser Teil des Mittelrheintals geradezu ein Hort monarchistischen und antidemokratischen Lebens und Denkens. Schließlich beherbergt er die „Germania", die alles mögliche, aber kein eindeutiges Symbol für Republik und Demokratie darstellt, und auch der Niederwald selbst war dereinst kein Ort für das einfache Volk, sondern vielmehr Tummelplatz des Adels, der sich hier

Über den Tempelweg von der Germania zum Jagdschloss Niederwald

©Foto: Hans-Peter Zibell

sogar ein Schloss errichten ließ. Auf dem Niederwald jagten oder lustwandelten zum Beispiel die Grafen von Ostein, die den Mainzer Fürstbischöfen als Kammerherren dienten, und später dann die Herzöge von Nassau.

Doch der Schein trügt. Trotz seiner „adeligen Vergangenheit" ist der Niederwald kein Synonym für Demokratiefeindlichkeit und Untertanentum, denn nur einen Katzensprung vom „Niederwald-Denkmal" entfernt steht das ab 1764 errichtete „Jagdschloss Niederwald", das in Bezug auf die Entstehung des Grundgesetzes der Bundesrepublik Deutschland eine wichtige Rolle gespielt hat. Dort, in dem schon vor dem Zweiten Weltkrieg zu einem Hotel gewandelten Schlösschen, das nach 1945 als Freizeitheim für US-Offiziere diente, traten nämlich am 21. und 22. Juli 1948 die Ministerpräsidenten der westdeutschen Länder zusammen und diskutierten im „Grünen Salon" über die Forderungen der Alliierten, die Ausarbeitung einer neuen deutschen Verfassung betreffend. Diese Verfassung, so hatten es die drei Westalliierten — Amerikaner, Briten und Franzosen — festgelegt, musste eine demokratische und föderalistische sein. Das heißt, die Deutschen waren bei der Erarbeitung ihrer neuen Konstitution — also ihrer Verfassung — gezwungen, gewisse Vorgaben zu beachten. Diese Restriktionen, die sich in den drei sogenannten „Frankfurter Dokumenten" — übergeben am 1. Juli 1948 — niedergelegt fanden, hatten den Sinn, zu verhindern, dass sich (West-)Deutschland, also die in der Entstehung begriffene Bundesrepublik, jemals wieder in einen totalen oder diktatorischen Staat verwandeln konnte.

Ehe sich die Mitglieder des Herrenchiemseer Konvents (Tagungszeitraum: 10. bis 23. August 1948 auf Schloss Herrenchiemsee) und später des Parlamentarischen Rats (Tagungszeitraum: 1. September 1948 bis 8. Mai 1949 in Bonn) an die Arbeit machen konnten, die einzelnen Artikel der neuen deutschen Verfassung zu formulieren, berieten die Ministerpräsidenten der Länder darüber, ob die Forderungen der Alliierten überhaupt zu akzeptieren waren. Sie leisteten folglich die Vorarbeit, dank der die Tätigkeit der Gremien auf Herrenchiemsee und in Bonn erst möglich wurde. Die Ministerpräsidentendebatten über die zukünftige verfassungsmäßige Gestaltung des neuen deutschen Staates fanden zum Beispiel im Hotel „Rittersturz" in Koblenz (8. bis 10. Juli 1948) und im „Jagdschloss Niederwald" bei Rüdesheim statt.

Unter anderem wurde auf dem Niederwald diskutiert, ob die Schaffung eines – provisorischen – westdeutschen Staates möglicherweise die Wiederherstellung eines gesamtdeutschen Staates in den Grenzen von 1937 – also in der Zeit vor der nationalsozialistischen Territorialerweiterung – gefährden könnte. Dies wurde schließlich verneint.

Die Ministerpräsidenten der Länder sowie der ebenfalls auf dem Niederwald vertretene Oberbürgermeister (Gesamt-)Berlins, Ernst Reuter (SPD), gingen vielmehr davon aus, dass es möglich sein werde, Deutschland im Laufe einiger – weniger – Jahre etappenweise zu „rekonstruieren". Darüber hinaus beschäftigte sie das mit der

Hotel Jagdschloss Niederwald   ©Foto: Hans-Peter Zibell

Wiederherstellung des deutschen Gesamtstaates unmittelbar verknüpfte Problem, ob für den – provisorischen –
deutschen Weststaat eine endgültige Verfassung oder eine
Übergangsverfassung verabschiedet werden sollte. Allgemein plädierten die Ministerpräsidenten für eine Übergangsverfassung, die sie als Grundgesetz bezeichnet wissen
wollten, denn sie waren der festen Überzeugung, dass es
nicht übermäßig lange dauern könne, bis das geteilte
Deutschland seine Wiedervereinigung feiern dürfe. Dann
würde die Zeit gekommen sein, um eine neue (Voll-)Ver-
fassung für diesen Staat zu erarbeiten.

Die Einschätzung der Ministerpräsidenten erwies sich als fehlerhaft. Die Wiedervereinigung ließ über vierzig Jahre auf sich warten, und das eigentlich als Übergangsverfassung geplante Grundgesetz der Bundesrepublik Deutschland erwies sich als verlässliche Vollverfassung. Es wurde also zu einer Konstitution, die nicht auf einen nur vorübergehend existierenden Staat ausgerichtet war, sondern sämtliche Fragen und Belange regelte, die im Allgemeinen durch eine Verfassung geregelt werden müssen – unabhängig davon, wie lange der Staat Bestand haben wird oder haben soll.

Darüber hinaus überdauerte das Grundgesetz auch die Wiedervereinigung Deutschlands. Selbst nach dem Beitritt der früheren Deutschen Demokratischen Republik (DDR) zum Geltungsbereich des Grundgesetzes der Bundesrepublik Deutschland am 3. Oktober 1990 blieb die westdeutsche Verfassung in Kraft. Es kam nicht zur Verabschiedung einer neuen Konstitution, sondern lediglich zur Anpassung einiger Artikel des Grundgesetzes sowie der Umformulierung der Präambel, die durch den Beitritt der DDR notwendig geworden war. Das Grundgesetz hat sich also als deutsche Vollverfassung bewährt. An diesem Erfolg haben selbstverständlich die Ereignisse auf dem Niederwald ihren Anteil. Deshalb verkörpert der Niederwald ein wichtiges Stück deutscher Demokratiegeschichte nach 1945.

Gut Hallgarten und Assmannshausen: Revoluzzer im Rheingau und im Mittelrheintal: Johann Adam von Itzstein und Ferdinand Freiligrath

Gut Hallgarten

Gut Hallgarten, in der am Ortsrand des Dorfes Hallgarten (zu Hall-garten selbst vgl. Kapitel 2) befindlichen Niederwaldstraße 7 gelegen, umfasste — als Johann Adam von Itzstein es übernahm — rund 40 Morgen Land. Durch die 1725 erfolgte Eheschließung der Maria Clara Hardy mit dem damals 26 Jahre alten, späteren Mainzer Hof-gerichtsrat und Großvater Johann Adams, Johann Franziskus Itzstein

gelangte das Gut in den Besitz der Itzsteins. Nach Johann Franziskus'
Tod fiel das Weingut dessen erstgeborenem Sohn zu, also Johann Adam
von Itzsteins Vater Edmund Ignaz, der ebenfalls Jurist war und in
Mainz als Hofgerichtsdirektor amtierte. Ihm und seinen Leistungen
verdankt die Familie übrigens auch die Aufnahme in den Adelsstand.
Als Edmund Ignaz — nunmehr — von Itzstein starb, vererbte er das
Anwesen seinem ältesten Sohn Peter, der es — da er kinderlos geblieben
war — seinem jüngeren Bruder Johann Adam hinterließ. Nach dem Tod
Johann Adam von Itzsteins im Jahr 1855 übernahm dessen Enkel,
Adam Eisenlohr, der Sohn von Itzsteins Tochter Gertrude, das Anwesen. Eisenlohr verkaufte das Gut einige Zeit später an einen aus Brügge
stammenden Belgier, der das Gartentor des Anwesens erneuern und mit
seinen Initialen, nämlich A.B. (für A. Bonnet), versehen ließ. Bonnet
verkaufte das Gut dann um 1874 an den vor allem in Kiedrich
bekannten englischen Kunstfreund, Baronet John Sutton (1820-
1873), der es jedoch nicht lange in seinem Besitz behielt. Bereits ein
Jahr später, also 1875, ging es in das Eigentum der Fürstin Sophie zu
Löwenstein über.

Der Umstürzler im Bergdorf –
Die 1848er Revolution in Hallgarten:
Johann Adam von Itzstein

Johann Adam von Itzsteins „Gut Hallgarten im Rheingau wurde der Treffpunkt für die Gleichgesinnten,
denen er sich als Wirt von formvoller Liebenswürdigkeit
und unerschöpflicher Laune zeigte. Die Versammlungen
in Hallgarten, wo die Gäste in einem offenen Gartensaale
edelsten Wein tranken, auf den Rhein herabsahen, der
zwischen Rebhügeln glänzte, und den Liedern lauschten,

Gut Hallgarten   ©*Foto: Hans-Peter Zibell*

die [August] Hergenhahn aus Nassau zur Guitarre sang, kann man die Keimzellen der Frankfurter Nationalversammlung, des ersten deutschen Parlamentes, nennen. Politiker aller deutschen Länder kamen hier zusammen und begannen, sich als Körperschaft zu fühlen, als eine Vertretung der Nation." So beschrieb die Schriftstellerin Ricarda Huch die Zusammenkünfte der Förderer der sogenannten 1848er Revolution auf dem Itzsteinschen Besitz in Hallgarten.

Itzsteins Gut, das er 1837 von seinem verstorbenen Bruder Peter geerbt hatte, lag – und liegt – malerisch am Rande des Weindorfes Hallgarten. Doch längst vor der offiziellen Übernahme des Anwesens hatte Johann Adam von Itzstein dort im Geheimen politische Zusammenkünfte abgehalten. Ob der eigentliche Gastgeber, nämlich Peter von Itzstein, seines Zeichens Chorherr am Petersstift zu Mainz, von den seit 1832 zumindest sporadisch abgehaltenen Treffen der Freunde und Förderer demokratischen Gedankenguts in seinem Haus wusste, sei dahingestellt. Immerhin scheint er nichts dagegen gehabt zu haben, dass sich sein Bruder, der bei seinem Dienstherrn, dem badischen Staat, dem er in Mannheim als Hofgerichtsrat diente, aufgrund seiner politischen Einstellung in Ungnade gefallen war, in Hallgarten aufhielt. Zumindest insofern unterstützte er die Haltung seines Bruders.

Johann Adam von Itzstein war davon überzeugt, dass jedes Individuum – also der einzelne Mensch – über angeborene Rechte verfügt. Einen Teil dieser Rechte überträgt der Einzelne dem Staat, der auf diese Weise überhaupt erst ins Leben gerufen wird. Das heißt, nicht der Staat verleiht dem Individuum bestimmte, ihm – bzw. der Regierung – genehme Rechte, sondern der Einzelne dem Staat. Folglich ist nicht der Staat Ausgangspunkt des Rechts, sondern das Individuum. Weil also der Staat – und mit ihm seine Regierung – durch den Verzicht des Einzelnen auf Teile seiner angeborenen Rechte überhaupt erst existieren kann, ist er im Gegenzug dazu verpflichtet, sowohl diese ihm übertragenen als auch die noch bei dem Individuum verbliebenen Rechte zu schützen. Der Schutz des einzelnen Bürgers und seiner Rechte war also nach dem Verständnis Itzsteins die primäre Staatsaufgabe, die allerdings noch um eine soziale Komponente erweitert werden musste, nämlich der Förderung des individuellen und allgemeinen Wohlstands. Um die ihm zufallenden Aufgaben erfüllen zu können, erlässt der Staat Gesetze. Das heißt, er darf nicht nach Belieben handeln, wie ein absoluter Monarch, sondern an die Stelle willkürlich gefällter Entscheidungen muss ein auf gesetzlicher Basis fußendes Verfahren treten.

Damit bei der Gesetzgebung durch den Staat auch alles mit rechten Dingen zugeht, bedarf es zunächst der Schaffung einer Verfassung. Diese Verfassung beinhaltet die maßgeblichen Regelungen für die Ausgestaltung der Gesetze. Nur ein verfassungskonformes Gesetz darf auch erlassen werden. Die Verfassung soll im Rahmen einer Kooperation zwischen den Vertretern des Volkes, die das Volk zu wählen hat, weil es unmöglich ist, dass jeder Bürger an der Vertragsaushandlung beteiligt wird, und den

Repräsentanten der Regierung entstehen. Die Verfassung bildet demnach die Grundlage des staatlichen Handelns, stellt also den Ur-Vertrag zwischen Individuum und Staat dar.

Diese Überzeugungen waren die Basis des politischen Denkens Itzsteins und wurden im Zuge der Zusammenkünfte in Hallgarten, die zwischen 1832 und 1839 eher sporadisch stattfanden, mit den Gästen, die zumeist ebenfalls Mitglieder deutscher Landesparlamente waren, diskutiert, verfeinert und schließlich erweitert.

Itzsteins Erfahrungen mit der Monarchie sowie der Gedankenaustausch mit Parlamentariern und liberal denkenden Politikern führten schließlich dazu, dass er seiner Überzeugung, der Staat könne durchaus von einem Monarchen geführt werden, dessen Eigenwille durch die Verfassung und die darauf aufbauenden Gesetze beschränkt wurde, abschwor. Ab etwa 1840 zeigte er sich davon überzeugt, dass die konstitutionelle Monarchie überlebt war. An die Stelle einer monarchischen Regierung sollte das Prinzip der Volkssouveränität treten. Das bedeutete, dass auch die Staatsführung von einem vom Volk gewählten Vertreter wahrgenommen wurde. Doch Volkssouveränität gab es nicht ohne Verzicht auf tradierte politische Rechte. Hierzu zählte Itzstein zum Beispiel die als überholt empfundene Untergliederung der Gesellschaft in drei Schichten, nämlich den Adel, den Klerus und das gemeinhin rechtlose – aber in der Überzahl befindliche – Volk. Sämtliche Privilegien, die das bis dahin in den deutschen Ländern übliche Gesellschaftssystem den Adeligen und den Kirchenvertretern zubilligte, mussten abgeschafft werden. Wenn man davon ausgeht, dass es die große Masse des Volkes ist, die den Staat bildet, dann sind Vergünstigungen und Sonderrechte, wie sie dem Adel und dem Klerus in der Vergangenheit zugestanden worden waren, überflüssig und anachronistisch. An die Stelle des Privilegiensystems sollte das Leistungs- und Befähigungsprinzip treten. Nur wer intellektuell und menschlich wirklich dazu befähigt war, durfte ein wichtiges Amt im Staat bekleiden. Darüber hinaus votierte Itzstein – selbstverständlich – für ein gleiches Wahlrecht und die Einführung der Pressefreiheit, ohne die freie Wahlen und Volkssouveränität nicht zu erreichen waren. Itzstein plädierte außerdem für Versammlungs-, Vereins- und Studienfreiheit, gleiches Bildungsrecht für alle und die Abschaffung des Zehnten.

Erreichen wollte Itzstein diese Ziele nicht mit Gewalt, sondern auf friedlichem Wege, zum Beispiel mit Hilfe des Frankfurter Parlaments und der Gesetze, die seine Parlamentarier verabschieden würden. Er war insofern also kein Revolutionär, denn gemeinhin werden Revolutionäre als Menschen definiert, die darauf abzielen, ein bestehendes politisches System gewaltsam zu verändern. Itzstein kann vielmehr als Radikalreformer bezeichnet werden, denn um einen durchgreifenden, vollständigen Umbruch des Regierungssystems ging es ihm sehr wohl, aber eben nicht unter Einsatz von Gewalt.

Diese politischen Ziele und Ideen wurden also auf dem Itzsteinschen Gut in Hallgarten diskutiert, und zwar von so illustren Persönlichkeiten wie Robert Blum, Heinrich von Gagern, Friedrich Daniel Bassermann oder Heinrich Hoffmann von Fallersleben. Doch im Zuge der ab 1839 alljährlich durchgeführten Besprechungen stellte sich rasch heraus, dass nicht alle Anwesenden der Auffassung waren,

Itzsteins Grabstätte auf dem Hallgartener Friedhof　　©Foto: Hans-Peter Zibell

dass die Monarchie gewaltlos abgeschafft werden sollte und konnte. Robert Blum zum Beispiel vertrat die Ansicht, dass man sich mit den sozialistischen und sozial-demokratischen Kräften verbünden müsse, wenn man die gesteckten demokratisch-republikanischen Ziele erreichen wolle. Ohne die tatkräftige Mitwirkung der Arbeiterschaft und ihrer Vertreter gehe es nicht und auch nicht ohne Waffen. Itzstein, der traditionelle Liberale, dem Sozialismus und Gewalt fern lagen, bemühte sich, die politischen Kräfte, die in Hallgarten zu Gast waren, vor dem Zerfall in zwei Flügel, nämlich einen linksrevolutionären und einen liberaldemokratischen, zu bewahren — doch das gelang ihm nicht; ebenso wenig, wie die Revolution von 1848 gelang. Das Projekt scheiterte, und mit ihm musste auch Johann Adam von Itzstein seine politischen Träume beerdigen.

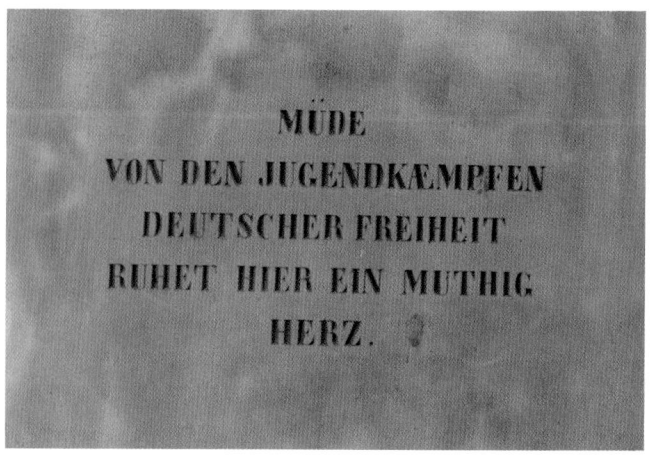

Inschrift auf der Rückseite von Itzsteins Grabstein   ©Foto: Hans-Peter Zibell

Aus Angst vor einer Festnahme und Verurteilung wegen seiner politischen Aktivitäten verließ Itzstein zeitweilig das Land und lebte vorübergehend in der Schweiz und im Elsass. Um 1850, als feststand, dass ihm wegen seines politischen Engagements keine weitere juristische Verfolgung mehr drohte, kehrte der inzwischen 75 Jahre alte Itzstein nach Hallgarten zurück, wo er am 14. September 1855 starb und auf dem örtlichen Friedhof beigesetzt wurde.

Assmannshausen am Rhein

Assmannshausen – bis zum 15. Jahrhundert Hasemanneshusen, dann nur noch Asemanneshusen – wurde 1108 erstmals urkundlich erwähnt. Damals schenkte der Mainzer Erzbischof Ruthard dem an der Nahe gelegenen Kloster Disibodenberg einen Weinberg in der Gemarkung Hasemanneshusen. Aber eben nur einen Weinberg; der Ort selbst blieb weiterhin Eigentum des Erzbistums Mainz, deren Erzbischöfe dort somit als weltliche und kirchliche Herrscher auftraten. Bereits im 15. Jahrhundert kristallisierte sich heraus, dass Assmannshausen nicht nur ideal für den Weinbau ist, sondern auch über heiße Mineralquellen verfügt. Diese sollten gefasst und Kurgästen zugänglich gemacht werden. Da der Stamm der Brom-Lithium-Quellen allerdings im Flussbett des

Rheins liegt, war dies nicht in dem Maße möglich, wie es notwendig gewesen wäre, um aus Assmannshausen eine ernstzunehmende Konkurrenz für den Kur- und Badeort Bad Ems zu machen. Trotzdem gelang es durch die Eindämmung des Rheins, wenigstens einige Quellen nutzbar zu machen. Bis 1983 gab es sogar eine Mineralwasser- bzw. Limonadenfabrik — den sogenannten Ass-Brunnen — im Ort. Assmannshausen, das rund 1.000 Einwohner hat, liegt 80 Meter über dem Meeresspiegel und gehört — als Teil des Rheingau-Taunus-Kreises — zum Bundesland Hessen. Seit 1977 ist das im Mittelrheintal gelegene Assmannshausen ein Stadtteil des sechs Kilometer entfernt liegenden Städtchens Rüdesheim am Rhein.

Die Assmannshäuser „Krone" als Herberge der 1848er Revolution: Ferdinand Freiligrath

Im Jahre 1844 entstand folgende Lobeshymne des Dichters Ferdinand Freiligrath (1810-1876) – von dem Ricarda Huch behauptete, dass er sich gerne berausche – auf das Gasthaus „Krone" in Assmannshausen und den dort ausgeschenkten, berühmten Assmannshäuser Wein:

> *„Zu Assmannshausen in der Kron',*
> *Wo mancher Durst'ge schon gezecht,*
> *da macht' ich gegen eine Kron'*
> *Dies Büchlein für den Druck zurecht.*
> *Ich schrieb es ab bei Mondenschein,*
> *Weinlaub um's Haus und saftige Reiser,*
> *Drum wollt Ihr echte Täufer sein,*
> *Tauft's 44er Assmannshäuser!"*

Doch es waren nicht diese eher bescheiden anmutenden Verse, die Thomas Cathiau meinte, als er 1883 berichtete, Freiligrath habe sich „das malerisch halb in einer Schlucht versteckte Winzerdorf Assmannshausen ... als Aufenthalt erkoren, als er in politischer Gährung seiner Leyer stolze und kühne Klänge entlockte ... ."

Nach Assmannshausen kam Freiligrath im Frühjahr des Jahres 1844 als Flüchtling, und der Wirt des am Rhein-

Assmannshausen ©Foto: Hans-Peter Zibell

ufer gelegenen Wirtshauses „Krone" gewährte ihm ebenso
großzügig wie eigennützig Unterschlupf, denn ein zahlen-
der Gast ist niemals Last; schon gar nicht, wenn es sich um
einen trinkfreudigen Zeitgenossen handelt.

Aber noch waren es nicht die Schergen der Regierung, vor denen der Dichter Reißaus genommen hatte; nein, Freiligrath floh vor den zahlreichen Besuchern, die ihn in seiner Wohnung in Sankt Goar, wo er seit zwei Jahren ansässig war und im Hause des mit ihm befreundeten Landrats Karl Heumann lebte, immer wieder bei seiner Arbeit störten.

Erst in Assmannshausen fand er die notwendige Ruhe und Zeit, um die mit „Glaubensbekenntniß" überschriebene Zusammenstellung älterer, bereits veröffentlichter und neuerer, noch nicht publizierter Gedichte fertig zu stellen. Freiligrath interpretierte das neue Werk als eine Art poli-

Freiligrath-Büste am Hotel „Krone"   ©*Foto: Hans-Peter Zibell*

tische Autobiographie. Hinter ihrer Abfassung steckte der Wunsch, den Menschen klar zu machen, dass er – Freiligrath – eine politische Entwicklung durchlaufen habe, und von daher als Beispiel für andere dienen könne. Er hoffte nämlich, andere würden es ihm nachtun und sich ebenfalls von einem unpolitischen in einen politischen Charakter verwandeln. An seinem Beispiel konnte man erkennen, dass dies möglich war.

Viele Jahre hindurch hatte er auf eine kritische Auseinandersetzung mit der politischen und sozialen Lage in seinem „Vaterlande Preußen" verzichtet und sich beim Dichten auf harmlose, unproblematische, das Menschliche in den Vordergrund stellende Themen konzentriert. Der Dichter, so glaubte er, stehe nämlich auf einer höheren Warte als auf den Zinnen einer bestimmten Partei. Diese – im Nachhinein als Fehler erkannte – Phase seines Lebens und Schaffens dokumentierte Freiligrath in Abschnitt eins des „Glaubensbekenntnisses". Dort präsentierte er die Texte, die nicht erfüllt sind von der Überzeugung, dass das politische System in Preußen die einfachen Menschen unterdrückt und ins soziale Elend führt, und dass es an der Zeit sei, den Staat zu reformieren, wenn nicht sogar zu revolutionieren.

Genau diese Auffassung setzte sich bei ihm aber ab 1842 durch. Angeblich ausgelöst wurde sie durch die als unsäglich arrogant empfundene Haltung der Hofschranzen des preußischen Königs während eines Balls, den die Stadt Koblenz für den Monarchen am 16. September 1842 veranstaltet hatte, und bei dem Freiligrath zugegen war. Nachdem er also erkannt hatte, dass der Staat dringender Veränderung bedurfte, fühlte er sich bemüßigt, dieser Erkenntnis auch lyrisch Ausdruck zu verleihen. Deshalb konzipierte er den Abschnitt zwei des „Glaubensbekenntnisses", der aus neuen Gedichten bestand. Hier finden sich Texte, die die staatliche Ordnung kritisch hinterfragen und deutlich machen, auf welche Seite sich der Dichter geschlagen hat, nämlich auf die des unterdrückten Volkes.

Es ging Freiligrath also darum, zu dokumentieren, wie sich der Wandel seiner Ansichten im Laufe der Jahre voll-

Relikt früherer Obrigkeit: Burg Rheinstein gegenüber von Assmannshausen

©Foto: Hans-Peter Zibell

zogen hatte. Die Leser sollten erkennen, dass der Dichter eine echte Entwicklung durchlebt und nicht einfach einen „buhlerischen Fahnentausch" vorgenommen hatte, um die „Liebe und die Achtung [s]eines Volkes" zu gewinnen. „Es ist mir hauptsächlich darum zu tun, eine nunmehr hinter mir liegende Übergangsepoche meiner poetischen und politischen Bildung auch sichtbar für mich und andere zum Abschluss zu bringen." Doch nicht nur um das soziale Wohlergehen der Menschen ging es Freiligrath, sondern auch um ihre politische und persönliche Freiheit. Es musste Schluss sein mit der Ausbeutung und der Unterdrückung durch die Obrigkeit.

Dieses freiheitlich-demokratische Ansinnen greift Freiligrath in seinem Gedicht „Der Adler auf dem Mäusethurm" auf:

> „ ... *Drum nicht als Wucherer am Rhein*
> *Flohst du [der Aar] auf jene Mauerkronen!*
> *Doch: – Brot und Korne nicht allein*
> *Begehren heut die Nationen!*
> *Sie wollen mehr, als was man kaut;*
> *Sie heben dreist den kräft'gen Nacken;*
> *Sie sehen sich um, und rufen laut:*
> ,*Wo wird der Freiheit Brot gebacken?*'"

Freiligraths noch im Jahr der Fertigstellung – also 1844 – erschienene, lyrisch verpackte Kritik am (preußischen) Staatssystem stieß bei den zuständigen Behörden erwartungsgemäß nicht auf Sympathie. Der Dichter ahnte, dass ihn die Veröffentlichung seiner Texte in Schwierigkeiten bringen würde. Schließlich war er schon im Januar/Februar 1844 mit der preußischen Justiz in Konflikt geraten, weil er in der „Kölnischen Zeitung" zwei Gedichte publizieren wollte, die nach Auffassung des Königlich-Preußischen Oberzensurgerichts in Berlin vom 13. Februar 1844 „gegen die bestehende, soziale und politische Ordnung der Dinge" ankämpften, weil darin „der feindlichen Entgegensetzung der verschiedenen Stände" und „den falschen Freiheits-Ideen" „in aufregender Weise das Wort geredet" wurde. Aus diesem Grund war das Erscheinen der Gedichte behördlich untersagt worden. Und tatsächlich kündigte sich auch durch das „Glaubensbekenntniß" neuer Ärger an.

Freiligrath weilte nicht zu Kurzwecken in Assmannshausen

©*Foto: Hans-Peter Zibell*

Daraufhin beschloss Freiligrath, das Land zu verlassen. Nachdem er ab Ende Mai 1844 – nach Beendigung seines Aufenthalts in Assmannshausen – noch einige Zeit zu Kurzwecken im Taunus verbracht hatte, hielt er es für angebrachter, nach dem Antritt der bereits längerfristig geplanten Reise ins belgische Ostende nicht mehr nach Hause zurückzukehren. Er begab sich statt dessen nach Brüssel, übersiedelte kurz darauf in die Schweiz und ging von dort 1846 nach London.

Im Jahr 1848 glaubte er, sein Exil verlassen zu können. Mit seiner Familie ging er nach Düsseldorf, das er aus politischen Gründen jedoch schon wenige Jahre später – nämlich 1851 – wieder verlassen musste. Erneut ging er nach London. Ab 1868 lebte er wiederum in Deutschland. Nach Preußen mochte er allerdings nicht mehr zurückkehren. Aus diesem Grund entschied er sich für einen Wohnsitz in Stuttgart. 1874 übersiedelte er ins benachbarte Cannstatt, wo er am 18. März 1876 – 66-jährig – starb.

Die „Krone", in der Freiligrath sein dereinst aufsehenerregendes Werk beendete, existiert noch immer. Im Jahr 1541 als Treidelstation errichtet, diente es viele Jahrhunderte lang den Pferden und Schiffern als Anlaufpunkt. Hier bekamen diejenigen, die die mit Fracht schwer beladenen Schiffe rheinaufwärts bringen mussten, frische Pferde. Den Tieren fiel – im Zusammenspiel mit den Menschen – die Aufgabe zu, Schiff und Ladung mit Hilfe eines Seils stromaufwärts zu ziehen, wobei sie den Lein- oder Treidelpfad, also einen am Flussufer entlangführenden Weg, benutzten.

Rheinblick in Höhe der Assmannshäuser „Krone"   ©*Foto: Hans-Peter Zibell*

1809 wurde aus der früheren Treidelstation ein Wirtshaus.
1893 ging es in den Besitz des Küfers Joseph Hufnagel
über, der das alte Haus gründlich umgestaltete. Bis 1894
dauerten die Umbauarbeiten, im Zuge derer das Haus mit
Fachwerk, Erkern und Ecktürmchen versehen wurde.
Sodann – pünktlich zum 50. Jahrestag des Erscheinens des
in der „Krone" beendeten „Glaubensbekenntnisses" aus
der Feder Freiligraths – erfolgte die (Wieder-)Eröffnung
das nunmehrigen Hotels „Krone".

Seither hat die „Krone" einige Umbauten und Erweite-
rungen erfahren. Heute ist es ein 5-Sterne-Hotel mit ele-
gantem Ambiente, das dennoch seine historischen Wur-

zeln nicht außer Acht lässt. Dazu gehört eine Skulptur des Dichters Freiligrath, die in die Fassade des Hotels eingelassen ist, um an diesen Mann und seine politischen Ziele zu erinnern. Allerdings wird es den meisten Besuchern Assmannshausens nicht möglich sein, dort ein Schöppchen des edlen Tropfens der Region zu genießen, denn die Preise für Speis' und Trank dürften das Budget der meisten Ausflügler in erheblichem Maße übersteigen. Man kann sich aber die Nase an der Scheibe mit den Preislisten plattdrücken und spüren, wie einem von den dort aufgelisteten Köstlichkeiten das Wasser im Munde zusammenläuft, ehe man sich dann bescheiden – und der Vernunft gehorchend – dem mitgebrachten „Leberworschdebrot" widmet.

Assmannhäuser Freiligrath-Weg   ©Foto: Hans-Peter Zibell

Das „Flaschenhals"-Territorium

„Die Gebiete auf dem linken Rheinufer werden durch die örtlichen Behörden unter Aufsicht der Besatzungstruppen der Alliierten und der Vereinigten Staaten verwaltet. Die Truppen der Alliierten und der Vereinigten Staaten werden die Besetzung dieser Gebiete durch Garnisonen bewirken, die die wichtigsten Rheinübergänge (Mainz, Koblenz, Köln) inbegriffen je einen Brückenkopf von 30 km Durchmesser auf dem rechten Ufer beherrschen und außerdem die strategischen Punkte des Gebietes besetzen." So hieß es in Abschnitt V des Waffenstillstandsabkommens vom Compiègne vom 11. November 1918 wörtlich. Von dieser Besetzung unerwarteterweise nicht betroffen war der sogenannte „Freistaat Flaschenhals", der sich – von der Rheinseite aus betrachtet – vom Bodenthal bei Lorch bis Roßstein bei Kaub erstreckte und somit die am Rhein gelegenen Ortschaften Lorch, Lorchhausen und Kaub einschloss, in Richtung Taunus unter anderem die Gemeinden Strüth, Michelbach und Panrod umfasste und dann in den Bereich Laufenselden einmündete. Verwaltungsmäßig gehörten die Ortschaften des „Flaschenhalses" zum Rheingaukreis, wie zum Beispiel Ransel und Wollmerschied, zum Kreis Sankt Goarshausen, wie Sauerthal, Strüth oder Welterod, und zum Taunuskreis, wie beispielsweise Zorn, Egenroth oder Laufenselden. Heute wie damals stellt der „Flaschenhals" übrigens kein einheitliches Verwaltungsgebiet dar. Die Gemeinden gehören nämlich aktuell nicht nur unterschiedlichen Kreisen an, sondern liegen darüber hinaus noch in zwei verschiedenen Bundesländern, nämlich Hessen und Rheinland-Pfalz. Während über die hessischen „Flaschenhals"-Gemeinden, wie zum Beispiel Lorch oder Laufenselden, die Wiesbadener Landesregierung wacht, ist für Kaub und Konsorten der rheinland-pfälzische Ministerpräsident in Mainz zuständig

Der „Freistaat Flaschenhals"

Wer mit dem Auto oder dem Fahrrad am Rhein entlangfährt oder eine Wanderung durch das malerische Rheingaugebirge unternimmt, der stößt früher oder später auf Schilder, die von der Existenz des sogenannten „Freistaats Flaschenhals" berichten. Der erstaunte Betrachter wird sich daraufhin sicherlich fragen, was es denn mit diesem geheimnisvollen Staat auf sich haben mag. Handelt es sich vielleicht um einen Spaß, der sich in irgendeiner Form auf den weltberühmten Rheinwein bezieht, der hier aller Orten in Strömen aus den Hälsen der Flaschen fließt?

Wer jedoch einen Blick in die Geschichtsbücher wirft, der stellt rasch fest, dass es sich bei dem Hinweis auf die Existenz des „Freistaats Flaschenhals" keineswegs um einen

Hinweisschild auf den „Freistaat Flaschenhals"   ©Foto: Hans-Peter Zibell

Winzer-Scherz handelt. Vielmehr hat es den „Freistaat Flaschenhals" als politisches Gebilde tatsächlich gegeben. Aber
wie konnte es überhaupt dazu kommen, dass mitten in
Deutschland ein „eigener" Staat entstand? Um diese Frage
beantworten zu können, bedarf es einer Auseinandersetzung mit der Zeit unmittelbar nach dem Ersten Weltkrieg.

Dieser Krieg, der am 1. August 1914 begann, dauerte über
vier Jahre. Die Waffen schwiegen erst, nachdem die Vertreter
des Deutschen Reiches und der alliierten Siegermächte am
11. November 1918 das Waffenstillstandsabkommen von
Compiègne unterzeichnet hatten. Zu diesem Zeitpunkt
befand sich Deutschland in einer fatalen Situation. Obwohl
es selbst nicht zum Kriegsschauplatz geworden war, also
durch die Kämpfe keinerlei Verwüstung erfahren hatte, lag es
doch in jeder Hinsicht am Boden. Seine Soldaten und seine
Bevölkerung waren kriegsmüde und durch die jahrelangen
schweren Grabenkämpfe, die unzählige Tote gefordert hatten, erheblich geschwächt. Auch wirtschaftlich befand sich
Deutschland in einer katastrophalen Situation. Die Menschen im Reich hungerten, und darüber hinaus mangelte es
an allen Ecken und Enden an den notwendigsten Versor-
gungsgütern. Auch das politische System, nämlich die Monarchie, lag in den letzten Zügen. Kaiser Wilhelm II. (1859-
1941), seit 1888 in Amt und Würden, musste schließlich
am 28. November 1918 abdanken und der neuen Volksherr-
schaft, also der Demokratie, Platz machen.

Doch den Siegermächten des Weltkriegs, allen voran den
Franzosen, genügte es nicht, dass nun auch Deutschland auf
dem Weg zu einer Republik war. Sie zweifelten daran, dass

allein die Veränderung des politischen Systems im Reich eine Veränderung des deutschen Wesens herbeiführen werde. Den Franzosen galten die Deutschen nach wie vor als aggressives und kriegslüsternes Volk. Dass es diese Charakterzüge auslebte, indem es den Waffenstillstand nutzte, um sich militärisch zu restrukturieren und in Kürze einen neuen Krieg anzuzetteln, stand für die Franzosen außer Frage. Um zu verhindern, dass vom Deutschen Reich noch einmal eine Gefahr für den Frieden in Europa und in der Welt ausging, musste das Land von den Alliierten besetzt werden. Nur so konnte man die Deutschen unter Kontrolle halten und dafür sorgen, dass sie friedlich blieben.

Die Sorgen der Franzosen erschienen ihren Verbündeten plausibel, und so kam es, dass im Abschnitt V des Waffenstillstandsabkommens von Compiègne die Besetzung des gesamten linken Rheinufers sowie die zusätzliche Einrichtung von Brückenköpfen niedergelegt wurde. Diese Brückenköpfe sollten es den Siegermächten erlauben, ihren Einfluss auch auf rechtsrheinisches Territorium auszudehnen. Das war insofern von großer Bedeutung, als man auf diese Weise das sowohl militärisch als auch wirtschaftlich wichtige Ruhrgebiet besser überwachen konnte. Wenn sich die alliierten Truppen nämlich direkt vor Ort befanden und die Vorgänge in Staat, Verwaltung und Wirtschaft kontrollierten, würde es den Deutschen unmöglich gemacht, heimlich aufzurüsten, um den – zumindest von den Franzosen – erwarteten Revanchekrieg führen zu können.

So kam es denn zur Einrichtung der Brückenköpfe um die strategisch wichtigen Rheinstädte Mainz, Koblenz und

Köln. Mit Hilfe eines Zirkels schlugen die Verbündeten jeweils einen Kreis um diese Städte und erklärten die Gebiete, die sich in einem Umkreis von dreißig Kilometern um Mainz, Koblenz und Köln befanden, zur besetzten Zone. In die Kölner Zone marschierten daraufhin die Briten ein; die Überwachung der Region rund um Koblenz fiel den Amerikanern zu; und in Mainz zogen die Franzosen ein. Insofern schien also alles in bester Ordnung zu sein – wenn, ja, wenn es da nicht dieses kleine Missgeschick gegeben hätte!

Bei diesem „Missgeschick“ handelte es sich um die unfreiwillig erfolgte Schaffung einer unbesetzten Zone, die genau zwischen den Brückenköpfen Koblenz und Mainz lag. Zweifellos hatten die Alliierten geplant, dass sich die Kreise, die sie um die drei Rheinstädte geschlagen hatten, überlappen würden, so dass es keinen Quadratmeter unbesetzten Gebiets geben konnte. Doch diese Annahme erwies sich als Irrtum. Aufgrund der Tatsache, dass die Alliierten ihre Planung offensichtlich nicht auf ihre Richtigkeit hin überprüft hatten, sondern einfach davon ausgingen, dass es Überschneidungen gab, entstand der sogenannte „Freistaat Flaschenhals“.

Der „Flaschenhals“, der seinen Namen der optischen Ausgestaltung seines Territoriums verdankte, die an den Hals einer (Wein-)Flasche erinnerte, erstreckte sich vom Rhein bis in den Taunus hinein. Entlang des Rheins verlief sein „Staatsgebiet“ vom Bodenthal bei Lorch bis zum Roßstein bei Kaub, und hinsichtlich seiner Ausdehnung ins „Landesinnere“, also Richtung Taunus, reichte es bis Laufenselden. Dabei umschloss es Gemeinden wie Strüth, Panrod,

Michelbach oder Ransel. Zwischen den Ortschaften Zorn und Egenroth – seiner schmalsten Stelle – war der „Flaschenhals", wie das Gebiet sowohl von den Deutschen als auch von den Franzosen genannt wurde, gerade einmal achthundert Meter breit.

Die Franzosen schlugen die Hände über dem Kopf zusammen, als sie feststellten, was für ein strategischer Fehler ihren Verantwortlichen bei der Einrichtung der Brückenköpfe unterlaufen war. Für sie gab es nichts Schlimmeres als dieses

Kreuzkapelle bei Lorch – mitten im „Flaschenhals"-Territorium

©*Foto: Hans-Peter Zibell*

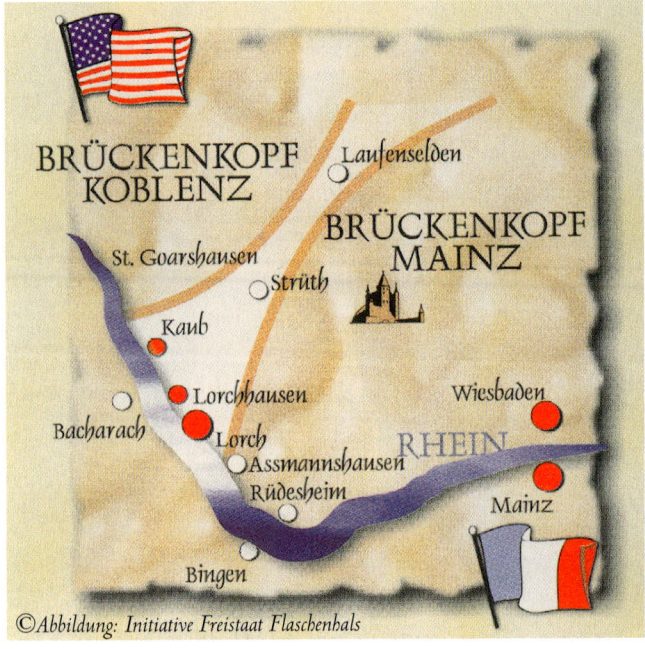

©*Abbildung: Initiative Freistaat Flaschenhals*

Stückchen unbesetzten Gebiets, das die Deutschen zweifellos sofort nutzen würden, um hier ihre Truppen zu konzen-
trieren, die sie dann gegen die alliierten Soldaten in Koblenz
und Mainz sowie jene, die auf dem linken Rheinufer stationiert waren, zum Einsatz brächten. Um das zu verhindern,
müsse dieses Territorium unverzüglich dem französischen
Besatzungsgebiet zugeschlagen werden, verlangte der französische General Henry Mordacq (1868-1943).

Es kam ihm gar nicht in den Sinn, eventuell die Amerika-
ner mit einzubeziehen, die immerhin den benachbarten
Brückenkopf besetzt hielten. Von den US-Soldaten hielt
Mordacq ohnehin nicht allzu viel. Er glaubte, sie seien
nicht misstrauisch genug gegenüber den Deutschen. Die
Amerikaner neigten nach Mordacqs Ansicht eher dazu,

sich mit den Deutschen zu verbünden und ihre Frauen zu heiraten, anstatt sie streng zu überwachen. Aus diesem Grund erschien es ihm inakzeptabel, den „Flaschenhals" zwischen der französischen und der amerikanischen Besatzungszone aufzuteilen. Einzig die Franzosen seien in der Lage, dieses Gebiet im Interesse des Weltfriedens ordnungsgemäß zu kontrollieren. Deshalb müsse es der französischen Zone zugeschlagen werden.

Das aber sahen die Amerikaner anders. Sie hatten recht bald erkannt, dass es den Franzosen nicht allein um den Friedenserhalt ging, sondern dass Frankreich mit der Besetzung Deutschlands durchaus handfeste (macht-)politische und wirtschaftliche Interessen verband.

Die französische Wirtschaft war infolge des Ersten Weltkrieges in erhebliche Schwierigkeiten geraten. Das hatte nicht zuletzt mit den Zerstörungen zu tun, die das nordfranzösische Industrierevier durch die Kriegs- und Besatzungshandlungen davongetragen hatte. Die aus der schlechten Wirtschaftslage resultierenden wirtschaftlichen und sozialen Probleme in Frankreich führten dazu, dass die französische Regierung versuchen musste, das aufgebrachte, notleidende Volk zu besänftigen, um Unruhen zu vermeiden. Aus diesem Grund bemühte sich die Staatsführung, die erlittenen Verluste durch die massiven Forderungen gegen Deutschland auszugleichen. Allerdings ging es der Regierung in Paris nicht nur um die Verbesserung der Lage in Frankreich selbst, sondern auch um die dauerhafte Niederringung des Deutschen Reiches, das aufgrund seiner wirtschaftlichen und militärischen Bedeutung in der Vergangenheit zu einer wichtigen

Macht in Kontinentaleuropa aufgestiegen war. Die Franzosen hatten kein Interesse daran, dass Deutschland diesen Status je wieder einnahm. Vielmehr wünschte Frankreich, selbst zu einer führenden Nation aufzusteigen. Das konnte aber nur gelingen, wenn der deutsche Staat möglichst zerschlagen wurde. Selbstverständlich war es nicht möglich, diese Forderung direkt zu formulieren. Deshalb musste man versuchen, das erstrebte Ziel auf Umwegen zu erreichen, denn Frankreich durfte nicht erwarten, für diese Pläne Unterstützung bei seinen Verbündeten zu bekommen. Die hielten nämlich wenig davon, in Europa die Kleinstaaterei wieder einzufüh-

Kaub – „Großstadt" innerhalb des „Flaschenhals"-Territoriums

©Foto: Hans-Peter Zibell

ren. Eine solche Entwicklung aber planten die Franzosen für Deutschland. Sie hätten es gerne gesehen, wenn das Reich in lauter kleine Einzelstaaten zerfallen wäre, die keine Konkurrenz für die Großmacht Frankreich dargestellt hätten, wohl aber von ihr beeinflusst werden konnten.

Zu den für die Franzosen besonders interessanten deutschen Gebieten zählte selbstverständlich das wirtschaftlich starke und wichtige Rheinland und hier insbesondere das Ruhrgebiet. Diese Zone unter seine Kuratel zu bringen, gehörte zu den zentralen Zielen Frankreichs. Ein Schritt auf dem Weg zu diesem Ziel war die Ausweitung der französischen Besatzungszone. Auch deshalb verlangte Mordacq den Anschluss des „Flaschenhalses" an den Brückenkopf Mainz.

Doch diese Forderung wiesen nicht nur die Verbündeten Frankreichs zurück, sondern erwartungsgemäß auch die Deutschen und zwar sowohl in Berlin als auch in der betroffenen Region selbst. Im Namen der deutschen Bevölkerung des „Flaschenhalses" telegrafierte der Lorcher Bürgermeister Edmund Pnischeck (1883-1954) an die deutsche Delegation der Waffenstillstandskommission, die im belgischen Kurort Spa tagte, und bat sie, unbedingt dafür Sorge zu tragen, dass der „Flaschenhals" Teil des freien Deutschlands bliebe. Bei der deutschen Vertretung in Spa, die dort mit den Alliierten über die Sachfragen verhandelte, die sich militärisch, politisch und wirtschaftlich aus dem Waffenstillstand ergaben, stießen die Wünsche der Menschen im „Flaschenhals" auf Zustimmung. Man werde, so signalisierte man Pnischeck, das Gebiet nicht freiwillig preisgeben.

An dieser Haltung änderte auch die Forderung des Wiesbadener Regierungspräsidenten nichts. Der hatte nämlich
der deutschen Waffenstillstandskommission am 17.
Dezember 1918 ein Schreiben zukommen lassen, in dem
er darüber informierte, dass es ganz und gar unverzichtbar
sei, den „Flaschenhals" an das französische Besatzungsgebiet anzuschließen. Andernfalls, so erklärte der Regierungspräsident, müssten die Menschen in dieser Region
verhungern, weil sie nicht angemessen mit Lebensmitteln
versorgt werden könnten.

Tatsächlich waren die Grenzen zwischen dem besetzten
und dem unbesetzten Gebiet weitgehend undurchlässig.
Insbesondere die Franzosen führten in ihrer Zone ein sehr
strenges Regiment. Zeitweilig durften weder Personen
noch Waren die Grenze passieren. Das führte natürlich zu
einem Zusammenbrechen der Wirtschaft, da Arbeitskräfte
und lebenswichtige Konsumgüter weder hinein- noch hi-
naustransportiert werden konnten. Weil dies ein für alle
Beteiligten, auch für die Franzosen, untragbarer Zustand
war, wurden die Bestimmungen im Laufe des Jahres 1919
gelockert. Schließlich bestand für Personen und Waren
unter bestimmten Voraussetzungen wieder die Möglichkeit des Passierens.

Soweit war es allerdings noch nicht gekommen, als der
Regierungspräsident an die Waffenstillstandskommission
in Spa schrieb. Zur Zeit der Depesche erschien die Grenze
unüberwindlich. Insofern dürfen die Bedenken, die der
Regierungspräsident äußerte, durchaus als berechtigt gel-
ten. Allerdings führen die vorgetragenen Sorgen nicht not-

wendigerweise zu der befürchteten Konsequenz. Es gab keinen Grund, den „Flaschenhals" ausgerechnet an das französische Besatzungsgebiet anzuschließen, um das Überleben der Bevölkerung zu gewährleisten. Er hätte ebenso gut
an die amerikanische Zone angegliedert werden können.
Da dies aber von dem Regierungspräsidenten nicht einmal
angedacht worden war, darf angenommen werden, dass er
seinen Brief nicht unbedingt freiwillig und getrieben von
echter Sorge um die Menschen im „Flaschenhals" geschrieben, sondern auf Druck der französischen Besatzungsmacht gehandelt hatte. Wiesbaden lag nämlich innerhalb
des Mainzer Brückenkopfes und gehörte somit zum Ein-
flussbereich der Franzosen. Weil dieses französische Manö-
ver gar zu leicht zu durchschauen gewesen war, winkten die
deutschen Verantwortlichen in Spa sogleich ab.

Daraufhin griffen die Franzosen zu anderen Maßnahmen,
um ihrem Ziel, sich den „Flaschenhals" einzuverleiben
und somit die Kontrolle über ein weiteres Stückchen deutschen Territoriums zu erlangen, näher zu kommen. Sie
sorgten nämlich dafür, dass die traditionell gut funktio-
nierende und straff durchorganisierte preußische Verwaltung ihre Aufgaben nicht mehr erfüllen konnte. Auf diese
Weise wollte man chaotische Zustände herbeiführen, die
dafür Sorge trugen, dass die Menschen im „Flaschenhals"
das Vertrauen in die für sie zuständigen Behörden verloren
und am Ende darum bettelten, in die französische Besatzungszone aufgenommen zu werden. Dort, so sollte ihnen
suggeriert werden, liefe nämlich alles vorbildlich ab. Es
bestehe wirtschaftliche, rechtliche und soziale Sicherheit,
die man als Bürger benötige und erwarten könne.

Deshalb unterbrachen die Franzosen die Kommunikationswege. Das bedeutete, dass die Behörden im „Flaschenhals" keine Möglichkeit mehr besaßen, mit dem Regierungspräsidium in Wiesbaden, das ihre vorgesetzte Dienststelle darstellte, in Kontakt zu treten. Nichts funktionierte mehr: Kein Telefon, kein Telegraf, und selbst die Postverbindung war gekappt worden. Daraufhin beschloss die dem Regierungspräsidium übergeordnete Verwaltungsbehörde, der in Kassel — also im unbesetzten Deutschland — ansässige Oberpräsident, den Wiesbadener Regierungspräsidenten mit Wirkung vom 3. Januar 1919 von seinen Aufgaben zu entbinden. Diese Maßnahme zielte nicht darauf ab, den Regierungspräsidenten zu diskreditieren, sondern stellte die Konsequenz aus dessen Handlungsunfähigkeit in Bezug auf die Wahrnehmung seiner Aufgaben gegenüber den im „Flaschenhals" gelegenen Gemeinden dar. Statt seiner übernahm nun eine speziell eingerichtete Stelle in Kassel die Amtsgeschäfte des Regierungspräsidenten.

Darüber hinaus kam es zur Berufung eines kommissarischen Landrats für den „Flaschenhals", personifiziert durch den Landrat des Landkreises Limburg an der Lahn, Dr. Robert Koecher Büchting (1861-1925). Bei ihm handelte es sich um einen erfahrenen Verwaltungsbeamten, dessen Einsetzung notwendig geworden war, weil es sich bei dem „Flaschenhals" nicht um ein einheitliches Verwaltungsgebiet handelte. Vielmehr umfasste er Teile der Landkreise Unterlahn, Sankt Goarshausen, Rheingau und Untertaunus.

Die Einrichtung der Brückenköpfe – also auch des Mainzers – hatte nämlich dafür gesorgt, dass die preußischen Verwaltungseinheiten, wie zum Beispiel die Landkreise, bei der Ausübung ihrer Amtsgeschäfte in erhebliche Schwierigkeiten geraten waren. Teile ihres Zuständigkeitsbereichs lagen plötzlich im besetzten, andere im unbesetzten Gebiet. Wollte also ein Landrat eine bestimmte Maßnahme in seinem Landkreis zur Geltung bringen, genügte es nicht, die zuständigen Bürgermeister darüber zu informieren, sondern er musste darüber hinaus mit den jeweiligen Besatzungsbehörden in Kontakt treten und deren Erlaubnis zur Umsetzung des Vorhabens einholen. Lehnte die Besatzungsbehörde ab, waren dem Landrat die Hände gebunden. In der Praxis hieß das: Es waren keine grenzübergreifenden Verwaltungsmaßnahmen möglich. Die Besatzungsbehörden interessierten sich nicht für deutsche Vorhaben, sondern konzentrierten sich vornehmlich auf die Umsetzung ihrer eigenen Anweisungen. Demzufolge herrschte im „Flaschenhals" auf dem Verwaltungssektor ein völliges Chaos.

Diesem Durcheinander, das daraus resultierte, dass Bürgermeister und Landräte voneinander abgeschnitten waren, sollte durch die Einführung des kommissarischen Landrats für den „Flaschenhals" ein Ende bereitet werden. Büchting – auf den im Juni 1919 Karl Schellen (1885-1945) folgte – oblag es fortan, die Interessen der „Flaschenhals"-Gemeinden gegenüber dem in Kassel ansässigen kommissarischen „Regierungspräsidenten" zu vertreten und umgekehrt. Auf diese Weise wurde aus dem „Flaschenhals" also eine eigene „Verwaltungseinheit".

Diese Tatsache beflügelte die Menschen zweifellos auch dazu, ihre Region als „Freistaat" zu bezeichnen. Um einen Freistaat im staatsrechtlichen Sinne handelte es sich beim „Flaschenhals" natürlich nicht, denn Freistaat ist nur ein anderes Wort für Republik. Und um eine Republik handelte es sich beim „Flaschenhals" nun wirklich nicht. Der „Flaschenhals" war selbstverständlich nach wie vor Teil des Landes Preußen und damit Bestandteil des Deutschen Reiches. Wenn sich die Region nun als „Freistaat" bezeichnete, so tat sie dies nicht, weil sie sich vom Vaterland abwenden wollte, sondern – im Gegenteil! – um deutlich zu machen, wie eng es sich mit diesem verbunden fühlte. Man wollte sich nämlich nicht von den Besatzungsbehörden – und erst recht nicht von den ungeliebten Franzosen – vereinnahmen lassen. Man bekannte sich vielmehr zur deutschen Nation und ihrem Recht auf Freiheit und Selbstbestimmung.

Auch deshalb erhob von Berlin aus niemand Einspruch gegen die Bezeichnung „Freistaat" für diese Region. Allerdings fand sie – im Gegensatz zu dem Begriff „Flaschenhals" – niemals Einzug in die

Gedenktafel am Mainzer
Torturm in Kaub
©*Foto: Hans-Peter Zibell*

behördliche Umgangssprache. Dafür findet sich der Ausdruck „Freistaat" aber auf der ersten Serie der Notgeldscheine, die 1919 im „Flaschenhals" ausgegeben wurde. Mit dieser Maßnahme wollten und mussten die Menschen im „Flaschenhals" den vorherrschenden Mangel an Geldscheinen, Münzen und sogar Briefmarken ausgleichen, der jeden An- und Verkauf erheblich erschwerte. Dass es so wenig Geld in dem Gebiet gab, lag nicht unbedingt an der Finanzschwäche der Einwohnerschaft, sondern ist ursächlich auf die Versorgungsprobleme zurückzuführen, mit denen die Menschen im „Flaschenhals" zu kämpfen hatten. Diesen Schwierigkeiten kreativ und engagiert entgegenzutreten, war Teil der Überlebensstrategie. Vor ihnen zu kapitulieren, hätte den Untergang des „Flaschenhalses" bedeutet. So machten sich Menschen, wie zum Beispiel der Kauber Kunstmaler Erich Nikutowski (1872-1921), an die Arbeit und gestalteten 25- oder 50-Pfennig-Scheine, die lokale Sehenswürdigkeiten, beispielsweise die Pfalz, oder besondere Ereignisse, wie einen Erdrutsch am Berg Nollig bei Lorch, den sogenannten „Lorcher Bergsturz", wiedergaben, um die besondere Verbundenheit der Bevölkerung mit ihrer unbesetzten Heimatregion nochmals zu dokumentieren.

Mit Hilfe geschickter Pinselstriche war es zwar möglich, den Mangel an Zahlungsmitteln zu vermindern, doch den übrigen Versorgungsproblemen vermochte man auf diese Weise nicht beizukommen. Diese betrafen in erster Linie Lebensmittel, Heiz- und Brennmaterialien sowie wichtige Güter des täglichen Bedarfs. Obwohl der „Flaschenhals" eine ländlich geprägte Region ist, war es den Menschen doch

nicht möglich, sich vollständig unabhängig zu versorgen.
Insbesondere die Einwohner der am Rhein gelegenen Städte
Lorch, Lorchhausen und Kaub hatten nicht die Möglichkeit, ihren Bedarf an Lebensmitteln selbst zu produzieren.
Sie waren demnach auf die Belieferung aus dem Reich angewiesen. Einfuhren aus dem besetzten Gebiet gab es zeitweilig keine mehr und umgekehrt auch keine Möglichkeit,
„Flaschenhals"-Produkte dort zu verkaufen. Damit war der
klassische Wirtschaftskreislauf gestört. Das führte nicht nur
zu schlechterer Versorgung – sowohl des „Flaschenhalses"
als auch des angrenzenden besetzten Gebietes, obwohl die
Franzosen hartnäckig das Gegenteil behaupteten –, sondern
stellenweise auch zu wirtschaftlicher Not, weil Händler und
Erzeuger auf ihren Waren entweder sitzen blieben oder
keine mehr beziehen konnten.

Pfalz bei Kaub – Notgeldmotiv   ©*Foto: Hans-Peter Zibell*

In dieser Situation war guter Rat teuer. Zwar bestand die Möglichkeit, sich alles Notwendige im unbesetzten Teil des Reichs zu besorgen, aber die beschafften Waren mussten dann auch an ihre Empfänger geliefert werden. Und schon hier begannen die Schwierigkeiten! Die nächste größere Stadt im unbesetzten Deutschland, die als Warenumschlagplatz dienen konnte, weil sie über einen vergleichsweise großen Bahnhof und eine gute Straßenanbindung verfügte, war Limburg, der Sitz des kommissarischen „Flaschenhals"-Landrats. Das Problem bestand nun darin, die dort angelangten Waren an ihren Bestimmungsort zu bringen, denn der „Flaschenhals" konnte weder per Bahn noch per Schiff noch per Straße erreicht werden. Die Bahn- und Schiffsverbindungen entlang des Rheins waren von der Besatzungsmacht gesperrt. Eine Eisenbahnlinie, die zum Beispiel Kaub mit Limburg verband, existierte ebenso wenig wie eine Bahnstrecke zwischen Ortschaften wie Ransel und Limburg. So blieb im Prinzip nur noch die Möglichkeit, den „Flaschenhals" über die Straße – also mit Hilfe von Kraftfahrzeugen – zu versorgen. Aber auch das war nicht machbar, weil es keine direkte Straßenverbindung zwischen Limburg und den Rheinstädten gab. Grundsätzlich hätte man über Sträßchen fahren können, die in sanften Schwüngen die Hänge der Rheinberge hinunterglitten, aber die waren so angelegt, dass sie immer wieder in besetztes Gebiet eindrangen. Folglich endete jede Autofahrt früher oder später an einer Grenzstation. Demgemäß konnten auch Lastwagen oder andere motorisierte Fahrzeuge nicht als Transportmittel herangezogen werden. Die zerschnittene Verkehrsinfrastruktur, die mindestens genauso chaotisch war wie die behördliche, ließ eine Belieferung der „Flaschenhals"-Gemeinden mit Hilfe des Automobils nicht zu.

Deshalb mussten die Händler, die Lieferanten, die Produzenten und selbst die Post auf archaisch anmutende Beförderungsmittel zurückgreifen, nämlich das Pferd, den Pferdewagen, den von Hand gezogenen Karren oder den auf die Schultern geschnallten Rucksack. Zumeist über Trampelpfade, manchmal auch völlig querfeldein, über selbstgebaute Knüppeldämme, schlammige Feld- und Waldwege und nur ganz selten über ein Stückchen asphaltierte Straße mussten sich die Menschen quälen, um die benötigten Waren von Limburg in die Ortschaften des „Flaschenhalses" zu transportieren. Wer von Limburg nach Kaub wollte, hatte 55 Kilometer zu bewältigen. Das schafften nur gesunde und kräftige Leute. Alle übrigen, die Alten, die Kranken, die Schwachen und die Kinder hatten nicht einmal ansatzweise die Chance, von oder nach Limburg zu kommen. Nicht einmal dann, wenn sie es tatsächlich geschafft hatten, einen der raren Plätze in einer Pferdekutsche zu ergattern. Blieb nämlich das Fuhrwerk liegen, weil der Boden zu weich oder ein Graben vom Kutscher übersehen worden war, mussten die Passagiere aussteigen und helfen, das Fahrzeug wieder flott zu machen. Zogen nicht alle an einem Strang und boten ihre ganzen Kräfte auf, so war die Fahrt zum Scheitern verurteilt. Das aber konnte sich im Prinzip niemand leisten.

Der lange, schwer zu bewältigende und anstrengende Transportweg verschlang folglich viel Zeit und Geld, nicht zuletzt deshalb, weil selbst Pferdefuhrwerke bestenfalls zur Hälfte beladen werden konnten. Es wäre einfach zu anstrengend für die Tiere gewesen, vollgeladene Wagen über Stock und Stein zu ziehen. Der Aufwand, der demnach für den Warentransport nötig war, musste selbstverständlich vom Verbraucher bezahlt werden. Schließlich konnten und wollten die Lieferanten nicht umsonst arbeiten. Folglich waren manche Dinge im „Flaschenhals" nur gegen die Zahlung exorbitanter Summen zu haben; Geld, über das natürlich nicht jeder Einwohner verfügte. Glücklicherweise gab es mehr als einmal Hilfe von Limburger Kaufleuten, die – angeführt vom Limburger Bürgermeister Dr. Markus Krüsmann (1879-1964) – immer wieder Lie-

Unwegsamer „Flaschenhals"   ©Foto: Hans-Peter Zibell

ferungen für den „Flaschenhals" zusammenstellten, um
den Menschen, so gut es eben ging, unter die Arme zu
greifen und ihre hohen Lebenshaltungskosten zu senken.
Mit dieser Maßnahme wollten sie dazu beitragen, die
„Flaschenhals"-Einwohner von einem Nachlass des
Widerstands gegen die französische Besatzungsmacht
abzuhalten. Es wäre durchaus möglich gewesen, dass mancher seine Oppositionshaltung gegen die Franzosen im
Interesse einer – möglichen – Verbesserung seiner Versorgung mit Lebensmitteln und Waren des täglichen Bedarfs
aufgegeben hätte.

Neben Krüsmann und seinen Helfern trugen aber auch die
Schmuggler dazu bei, dass das Wirtschaftsleben im „Flaschenhals" nicht in Trostlosigkeit versank. Über ver-
schlungene Pfade brachten sie diverse Waren über die
Grenze. Dabei ging es ihnen nicht nur darum, die Menschen im „Flaschenhals" zu versorgen, sondern auch
darum, die französische Besatzungsmacht zu prellen.
Mancher Winzer oder Landwirt verspürte wenig Lust,
seine mühevoll erzeugten Produkte einfach den Besatzern
zu überlassen oder den Verkauf über sie organisieren zu
müssen. Um einen größeren Gewinn zu erzielen, trieb
daher mancher Bauer sogar seine Kühe über die Grenze
zum „Flaschenhals", um sie von dort aus zu verkaufen.
Andere schmuggelten – zu Fuß oder manchmal auch per
Boot – Wein, der zu wertvoll war, um ihn von den Besatzern beschlagnahmen und austrinken zu lassen. Der „Flaschenhals" entwickelte sich also, wie auch die deutschen
Behörden mit einigen Bedenken feststellten, weil sie um

ihre regulären Steuereinnahmen und die Kontrolle über das vorhandene Warenkontingent fürchteten, zu einem echten Schmugglerparadies.

Mit Strafen mussten allerdings selbst geschnappte Schmuggler nicht rechnen, denn bis zum 30. März 1919 war auch die Gerichtsbarkeit im „Flaschenhals" Teil des behördlichen Chaos' geworden, weil die willkürlich gezogenen Brückenkopfbegrenzungen die traditionellen Gerichtsbezirke durchschnitten hatten. Erst im Frühjahr 1919 wurde schließlich das Gericht in Limburg als kommissarisch zuständiges Gericht für den „Flaschenhals" ernannt. Doch trotz der fehlenden Verurteilungsmöglichkeiten war die Region kein Hort des Verbrechens. Mehr Angst als vor einem Überfall, Diebstahl oder gar Mord mussten die Menschen vor der Willkür der französischen Besatzungsmacht haben. Immer wieder versuchten die Franzosen, sich durch unbefugtes Vordringen auf das Territorium des „Flaschenhalses" der unbesetzten Region doch noch zu bemächtigen. Wer das Pech hatte, im „Flaschenhals" unterwegs zu sein und plötzlich auf einen Trupp bewaffneter französischer Soldaten zu stoßen, der machte am besten rasch kehrt. Sich mit den Männern anzulegen, hätte jedenfalls wenig Sinn gemacht und nur Gefahr für Leben und Gesundheit bedeutet. Die unerlaubten und auch von den übrigen Siegermächten unerwünschten Vorstöße der Franzosen auf unbesetztes Gebiet waren Teil der französischen Zermürbungsstrategie gegenüber den „Flaschenhals"-Bewohnern, die sich davon jedoch nicht klein kriegen ließen, und Teil des Versuchs, das französische Einflussgebiet mehr oder minder heimlich zu erweitern, in der Hoffnung, dass die anderen Alliierten einmal geschaffene Tatsachen am Ende achselzuckend akzeptieren würden. So weit aber kam es im „Flaschen-hals“ nicht. Der blieb frei, allen französischen Bemühun-gen zum Trotz.

An diesem Status änderte auch der Versailler Vertrag nichts, der am 28. Juni 1919 unterzeichnet und am 10. Januar 1920 in Kraft getreten war. Im Gegenteil: Dieser Vertrag verfestigte den Bestand des „Flaschenhalses“ noch, weil er die bestehenden Besatzungsregelungen bestätigte.

Teil des „freien“ Deutschlands inmitten der Besatzungszonen

©Foto: Hans-Peter Zibell

Und das bedeutete: In dem Gebiet zwischen dem Mainzer und dem Koblenzer Brückenkopf gab es keine Besatzung. Hier begann das unbesetzte Deutschland.

Einmal allerdings, nämlich nach dem sogenannten Kapp-Putsch vom März 1920, standen trotz des Versailler Vertrags französische Truppen im „Flaschenhals“. Um den selbsternannten Reichskanzler Wolfgang Kapp (1858-1922) aus seinem „Amt“ zu vertreiben und die von ihm geplante Errichtung eines autoritären Staates zu verhindern, musste der rechtmäßige Reichskanzler, der Sozialdemokrat Gustav Adolf Bauer (1870-1944), deutsche Truppen in das – wie im Versailler Vertrag festgehalten – entmilitarisierte Rheinland einmarschieren lassen. Dort nämlich hatten sich die Anhänger Kapps und dessen Gegner, die in der sogenannten „Roten Armee“ zusammengeschlossenen Arbeiter, besonders erbitterte und anhaltende Schlachten geliefert. Den Polizeikräften jedenfalls war es nicht gelungen, die Konfliktparteien zu trennen, deshalb schickte Berlin Soldaten, um dem gewalttätigen Spuk ein Ende zu bereiten. Da der Aufmarsch deutscher Truppen im entmilitarisierten Rheinland eindeutig einen Bruch des Versailler Vertrags darstellte, und Frankreich darüber hinaus erklärte, die deutsche Regierung habe die Auseinandersetzung zwischen den Befürwortern und den Gegnern Kapps bewusst genutzt, um ihre Truppen zu sammeln, aufzurüsten und für einen Revanchekrieg gegen die französische Republik vorzubereiten, ließ Paris seine Soldaten in das Rheinland einmarschieren. Mit Sicherheit standen die Truppen der Franzosen in jenem Frühjahr 1920 auch im „Flaschenhals", dessen Existenz auszulöschen zu den erklärten Zielen Frankreichs gehörte. In seinen Erinnerungen an seine Dienstjahre im Rheinland hielt der französische General Mordacq fest, man habe generell jede Gelegenheit ergriffen, um den „Flaschenhals" zu beseitigen. Die sich aus dem Kapp-Putsch ergebende Gemengelage stellte eine solche Gelegenheit dar, die sich die Franzosen gewiss nicht entgehen ließen.

Doch auf Druck der übrigen Verbündeten musste Frankreich seine Truppen rasch wieder zurückziehen. Im Gegensatz zu Paris glaubten die Regierungen in Washington und London nämlich nicht daran, dass der Einsatz der Reichswehr im Rheinland Ausdruck der Kriegslüsternheit Deutschlands gewesen sei. Vielmehr habe es des Militärs bedurft, um das mögliche Übergreifen der Unruhen auf andere Teile des Reiches zu verhindern, denn dies hätte womöglich den Bestand der Weimarer Republik gefährdet. Daran waren jedoch weder die Briten noch die Amerikaner interessiert.

Auf diese etwas brenzlige Episode folgte schließlich eine Phase der Entspannung. Die Alliierten schienen im Sommer 1920 im Großen und Ganzen davon überzeugt zu sein, dass das Reich im Augenblick keinen Waffengang plane. Man zeigte sich daher gewillt, sich mit Deutschland zu arrangieren, sofern es seinen Verpflichtungen, die ihm durch den Versailler Vertrag auferlegt worden waren, ordnungsgemäß nachkam. Das bedeutete, dass die bislang strengen Regelungen hinsichtlich des Verkehrs zwischen

Historisches im „Historischen Freistaat Flaschenhals"   ©*Foto: Hans-Peter Zibell*

dem besetzten und dem unbesetzten Gebiet gelockert wurden. Fortan konnten Personen und Waren wieder problemlos auf dem Bahnwege oder mit Kraftfahrzeugen transportiert werden.

Schmuggeleien im größeren Stil erübrigten sich daher. Im „Flaschenhals" kehrte Normalität ein. Das zeigte sich auch daran, dass die improvisierten Verwaltungsstrukturen zum 1. Juli 1920 aufgehoben wurden. Der kommissarische Landrat stellte seine Tätigkeit ein, weil die eigentlich zuständigen Landräte ihre Aufgaben in ihrem Landkreis wieder vollständig wahrnehmen konnten. Und auch die Sonderstelle beim Oberpräsidium in Kassel, die die Arbeit des Wiesbadener Regierungspräsidenten übernommen hatte, wurde aufgelöst. Alles war wieder beim Alten. Selbst Telefon, Telegrafie und Postzustellung funktionierten wie gewohnt, und niemand musste mehr nach Limburg laufen oder sich mit Fuhrwerken und Karren abmühen, wenn er Waren von oder nach dem „Flaschenhals“ liefern wollte.

Im Prinzip endete an jenem 1. Juli 1920 die Existenz des „Flaschenhalses“ als „Freistaat“, also als Gebilde, das aufgrund willkürlicher Besatzungsmaßnahmen gezwungen war, seinen Erhalt mit ungewöhnlichen politischen und administrativen Maßnahmen zu gewährleisten. Ab jenem Juli 1920 standen wieder die klassischen staatlich-politischen Instanzen in der Verantwortung. Fortan war der „Flaschenhals“ ein – fast – gewöhnlicher Teil des Deutschen Reiches. Innerhalb der Region jedoch, also im Bereich Rheingau, Mittelrhein und Taunus, stellte er nach wie vor eine Ausnahmeerscheinung dar. Während nämlich im besetzten Teil des Reiches, also im Gebiet der benachbarten Brückenköpfe, bestimmte parteipolitische und militärische Aktivitäten untersagt waren, durften sie im „Flaschenhals“ stattfinden. Der war nämlich Teil des unbesetzten Deutschlands, weshalb manche politische Aktion nicht im Besatzungsgebiet durchgeführt, sondern kurzerhand in den „Flaschenhals“ verlegt wurde, wo den Veranstaltern kein Ärger mit den Militärbehörden drohte.

Die Besetzung des Rheinlands durch belgische und französische Truppen im Januar 1923 veränderte den (regionalen) Sonder-Status des „Flaschenhalses“ dann insofern, als das Gebiet Teil der französisch besetzten Zone wurde. Ab sofort hatte man sich auch dort den Anordnungen der Franzosen zu fügen, wenn man nicht riskieren wollte, verhaftet, verurteilt, eingesperrt oder ausgewiesen zu werden. Dieses Schicksal – das manchen Beamten, Angestellten und Arbeiter aus dem „Flaschenhals"-Gebiet ereilte – teilten die Menschen im „Flaschenhals" zwischen 1923 und 1924 notgedrungen mit allen übrigen „Rheinländern".

Im November 1924 entspannte sich die Lage im „Flaschenhals". Die Franzosen zogen sich – nicht zuletzt auf Druck ihrer Verbündeten – aus dem Gebiet zurück. Die ausgewiesenen Einwohner der Region konnten fortan wieder nach Hause zurückkehren und ihre Arbeitsplätze einnehmen. Dennoch bestand der „Flaschenhals", zumindest als ein auf der Landkarte zu bestaunendes Kuriosum, offiziell bis 1929/1930 weiter, denn den Brückenkopf Koblenz kontrollierte die französische Besatzungsmacht, die ihn am 27. Januar 1923 von den Amerikanern übernommen hatte, bis November 1929 und der Brückenkopf Mainz existierte bis 1930. Erst mit dem 30. Juni 1930 endete jegliche Besetzung des Deutschen Reichs. Ab diesem Tag, der allgemein gefeiert wurde, war Deutschland wieder frei von Besatzungsmächten und Besatzungszonen, und der „Flaschenhals" verschwand ein für alle Mal von der Landkarte.

Sankt Goarshausen-Wellmich

*Sankt Goarshausen-Wellmich – ursprünglich Wallmichi – wurde
1042 erstmals urkundlich erwähnt. Zeitweilig befand sich der Ort im
Besitz der Grafen von Arnstein und ging anschließend in den der Grafen von Nassau über. Im 14. Jahrhundert wechselte die Landeshoheit
erneut. Jetzt herrschte Trier über die Gemeinde. Unter der Regentschaft
der Trierer erhielt Wellmich 1357 Stadtrechte und erlebte eine Phase
wirtschaftlicher und kultureller Prosperität. Im Laufe des 15. Jahrhunderts verlor Wellmich jedoch an Bedeutung, weil sich die Trierer
Herren auf den Ausbau der Moselregion und des Westerwalds konzentrierten. Anfang des 19. Jahrhunderts fiel Wellmich von Trier an das
Herzogtum Nassau und 1866 an Preußen. Seit 1969 ist Wellmich,
das bis dahin eigenständig war, ein Stadtteil der etwa 1.500 Einwoh-*

ner zählenden Stadt Sankt Goarshausen. Der 1324 zur Stadt erhobene Ort Sankt Goarshausen liegt 100 Meter über dem Meeresspiegel und umfasst eine Fläche von 7 Quadratkilometer. Zur Stadt Sankt Goarshausen, die im übrigen Sitz der Verbandsgemeinde „Loreley" ist, die 17 Gemeinden verbindet, gehören – außer Wellmich – die Stadtteile Ehrenthal und Heide. Das im Mittelrheintal gelegene Sankt Goarshausen-Wellmich ist dem Rhein-Lahn-Kreis zugeordnet und somit Teil des Bundeslandes Rheinland-Pfalz.

Sankt Goar und Sankt Goar-Prinzenstein (Grube „Gute Hoffnung")

Seinen Namen verdankt **Sankt Goar** dem entweder aus Aquitanien oder der Auvergne stammenden Mönch Goar, der sich um 520 oder 550 nach Christus in einem kleinen Fischerort am Rhein niederließ und dort eine christliche Herberge einrichtete. Nach seinem Tod, der – je nach Quelle – entweder 575 oder 611 eintrat – entwickelte sich der Ort, also Sankt Goar, zu einer Wallfahrtsstätte. Sankt Goar wurde zeitweilig von den Grafen von Arnstein und später von den Grafen von Katzenelnbogen beherrscht. Im 15. Jahrhundert fiel der Ort an die Landgrafen von Hessen, die die ab 1275 errichtete Burg Rheinfels zu ihrer Residenz erkoren. Im Laufe des 17. Jahrhunderts gab es innerhalb des landgräflichen Hauses Streit, der auch an Sankt Goar nicht spurlos vorbeiging. Das Städtchen wurde wechselweise von Vertretern des Hauses Hessen-Darmstadt, Hessen-Kassel und Hessen-Rotenburg beherrscht. Im Jahr 1794 marschierten schließlich französische Truppen in Sankt Goar ein. Nach dem Wiener Kongress 1815 fiel der Ort an Preußen. Bis 1969 war Sankt Goar Kreisstadt. Im Zuge der Verwaltungsreform verlor Sankt Goar diesen Status und wurde Teil des im Bundesland Rheinland-Pfalz gelegenen Rhein-Hunsrück-Kreises. Im Jahr 1972 erfolgte dann die Gründung der Verbandsgemeinde Sankt Goar-Oberwesel. Sankt Goar, das 74 Meter über dem Meeresspiegel liegt und eine Fläche von 23 Quadratkilometer einschließt, hat etwa 4.000 Einwohner und umfasst — außer dem Kerngebiet, also Sankt Goar selbst — die Stadtteile Biebernheim, Werlau und Fellen.

Der Sankt Goarer Stadtteil **Werlau**, in dem heute etwa 950 Einwohner leben, wurde 992 erstmals urkundlich erwähnt. Damals schenkte Kaiser Otto III. dem Stift Sankt Goar Güter in „uilla Vuerile", dem späteren Werlau. Der Name Werlau geht zurück auf das germanische Warila und das althochdeutsche Ouwa und bedeutet soviel wie Land am Wasser. Zwischen dem 14. und dem 15. Jahrhundert befand sich Werlau im Besitz der Grafen von Katzenelnbogen, ging dann in das Eigentum der Landgrafen von Hessen über und wurde im Jahr 1794 von den Franzosen besetzt. Nach deren Abzug bewahrte Werlau seine kommunale Selbstständigkeit bis ins Jahr 1969. Im Zuge der in jenem Jahr durchgeführten Gebietsreform wurde Werlau dann zu einem Stadtteil von Sankt Goar. Somit fielen auch Prinzenstein, Fellen und die zur Gemeinde Werlau zählenden Bereiche des Gründelbachtals an Sankt Goar.

In **Prinzenstein** bei Werlau liegt die Grube „Gute Hoffnung", die auch unter der Bezeichnung „Prinzenstein" bekannt ist. Erstmals urkundlich erwähnt wurde sie im Jahr 1562. Die Grube „Gute Hoffnung" wurde im Laufe der folgenden Jahrhunderte mehrfach stillgelegt und wiederbelebt, bis sie im Zweiten Weltkrieg zerstört und 1962 dann endgültig aufgegeben wurde.

Statt Brücken und Fähren – Der Rheintunnel von Sankt Goar-Zu Fellen/ Prinzenstein nach Wellmich(-Ehrenthal)

Der Streit um die Errichtung neuer Brücken über den Rhein entzündet seit Jahren die Gemüter von Politikern, Rheinanliegern, Rheinüberquerern, Naturfreunden und Fährleuten. Während die einen dafür plädieren, zwischen Mainz und Koblenz endlich eine Brücke zu errichten, die das problemlose und von den Fahrzeiten der Fähren unabhängige Passieren des Rheins ermöglicht, schreien die anderen Zeter und Mordio, wenn sie auch nur davon hören.

Dabei spielen ganz unterschiedliche Motive eine Rolle:

Die Fährunternehmer wollen ihr Geschäft nicht riskieren. Sie haben viel zu verlieren.

Die Fahrgäste wollen endlich fahren können, wann es ihnen beliebt, und wie es in ihren Zeitplan passt, anstatt notgedrungen auf die Ankunfts- und Abfahrzeiten der Fähren zu achten, die nachts ohnehin nicht unterwegs sind. Die letzte Fähre zu verpassen bedeutet, einen kilometerlangen Umweg über Mainz oder Koblenz machen zu müssen! Eine solche Fahrt stellt zweifellos ein zeitliches und – bei den gegenwärtigen hohen Benzinpreisen – ein finanziell ebenso unerfreuliches wie ökologisch fragwürdiges Unterfangen dar.

Die Politiker wollen sich profilieren und ihre Wählerklientel zufrieden stellen – egal, ob es sich bei diesen nun um Befürworter oder Gegner der Brücke handelt.

Die Anlieger und die Naturschützer fürchten um den Anblick des romantischen und inzwischen sogar zum UNESCO-Weltkulturerbe erhobenen Mittelrheintals, haben Angst vor zusätzlichem Verkehrsaufkommen und dadurch hervorgerufenen Schäden bei Mensch, Tier und Umwelt.

Die Bauunternehmer und ihre Architekten frohlocken, weil sie einen dicken Auftrag winken sehen; wer bezahlt, spielt für sie keine Rolle – das Bauwerk kann sowohl privat als auch öffentlich finanziert werden. Hauptsache, der Rubel rollt, und die Arbeitsplätze werden erhalten.

Jeder hat also gute Gründe, um seinen Wunsch nach Bau oder Nichterrichtung einer Brücke zu untermauern. Aus dieser verfahrenen Situation kann nur ein Kompromiss heraushelfen: Ein Tunnel! Man hat schließlich schon an ganz anderen Orten Tunnel gegraben: In Hamburg gibt es den berühmten Elbtunnel, und selbst Frankreich und Großbritannien sind durch das berühmte Röhrensystem unter dem Meer miteinander verbunden. Wieso also nicht von einem Tunnelbau im Mittelrheintal träumen? Gibt es hier und in der Umgebung denn etwa keine vortrefflichen Architekten und Tiefbauer? Und ob es die gibt! Und einen Tunnel unter dem berühmtesten aller Ströme hatten die Rheinanlieger schon, als man in England und Frankreich noch glaubte, die Kanalunterquerung sei so realistisch wie die Phantastereien eines Jules Verne.

Allerdings gab es auch im Mittelrheintal schon immer hervorragende Geschichtenerzähler, die dem berühmten Autor in nichts nachstanden. Dank diesen kreativen Köpfen hielt sich nämlich hartnäckig das Gerücht, dass es geheimnisvolle Gänge gebe, die unter dem Rhein hindurchführen würden, bis man bei Braubach schließlich wieder ans Tageslicht käme.

Wie schön konnte man sich gruseln, wenn man solchen Erzählungen zuhörte und sich vorstellte, wie ein Räuber oder gar Mörder sich nach vollbrachter Untat in den dunklen, nebeligen Wald flüchtet, dort einen mit allerlei Ästen und Gehölz getarnten Eingang zu einer feuchten Höhle aufdeckt und in der Finsternis des kalten, felsigen Lochs verschwindet, nur begleitet von dem flackernden Licht einer Kerze, die die unheimliche Szenerie schwach beleuchtet. Man kann sich vorstellen, wie der Unhold durch den engen Gang hastet; sein Keuchen hallt von den Wänden zurück; seine Füße patschen durch Pfützen, die den felsigen Boden bedecken und das Vorankommen erschweren; sein Wams ist zerrissen von der wilden Flucht durch den Wald und den größeren und kleineren Kollisionen mit der Felswand des Tunnels; über sein vor Schweiß triefendes Gesicht fließt Blut, das aus einer kleinen Stirnwunde rinnt, die er sich beim Einstieg in die Höhle zugezogen hat. Schließlich erreicht er sein Ziel – den Braubacher Wald –, wo er im Dickicht verschwindet. Er ward nie wieder gesehen, aber sein unruhiger Geist, der ob der bösen Tat keine Ruhe findet, soll noch immer durch den Wald spuken; das sagen wenigstens die Braubacher, die schon nächtens durch den Wald gewandert sind ...

Famoser Unsinn? Ja, die Räubergeschichte und der geheimnisvolle Weg nach Braubach sind nichts weiter als Legende. Einen Tunnel, der in dem Örtchen herauskam, der der berühmten Marksburg zu Füßen liegt, hat es nie gegeben. Einen Tunnel, der westlich von Sankt Goar-Zu Fellen nach Wellmich-Ehrenthal führte, also die rechte und die linke Rheinseite miteinander verband, hingegen schon. Die Röhre, Teil des Werlau-Wellmicher-Gangzugs – also eines Bergwerks – und der hierzu gehörende Gru-

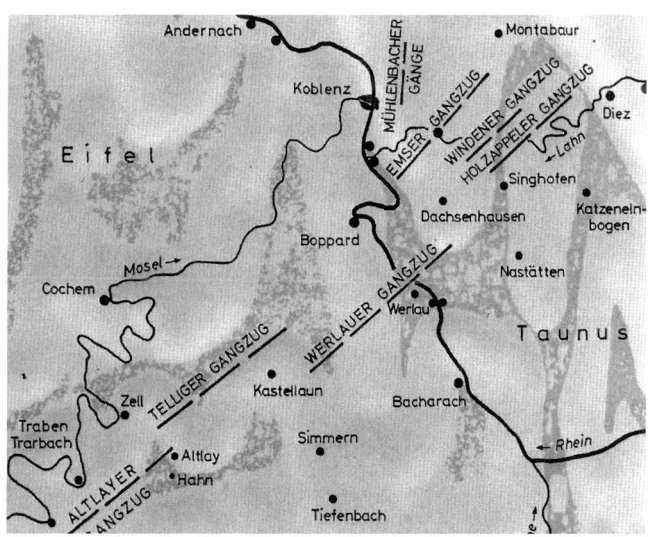

Verlauf des Werlau-Wellmicher-Gangzugs („Rheintunnel")
© *mit freundlicher Genehmigung Hans-Josef Kring, Lykershausen*

benkomplex „Consolidierte Gute Hoffnung", war 3850
Meter lang, rund 5 Meter breit und 2 Meter hoch und lag
136 Meter unter dem Strombett des Rheins! Die Arbeiten
am Tunnel begannen 1936.

Damals entschied die in Aachen ansässige Stolberger Zink
AG, der die Grubenanlagen beidseits des Rheins seit 1934
gehörten, von der linksrheinischen Grube „Gute Hoffnung"/„Prinzenstein" aus eine Verbindung zu den rechts-
rheinischen Ehrenthal-Wellmicher Erz-Gruben herzustel-
len. Abgesehen von der Erwartung, ein qualitativ gutes
Produkt in vernünftiger Menge abbauen zu können, hatte
der Durchstich auch den Vorteil, dass man das Erz – vor-

Blick auf Wellmich-Ehrenthal   ©*Foto: Hans-Peter Zibell*

nehmlich Zinkblende, Bleiglanz, Kupferkies und Pyrit –, das seit 1924 in Bad Ems aufbereitet wurde, durch den Tunnel an den Ort des Abtransports bringen konnte und nicht auf Fähren bzw. Frachtschiffe angewiesen sein würde, die diese Aufgabe für gewöhnlich übernehmen mussten. Das Unterfangen – also der Tunnelbau – machte gute Fortschritte und versprach, erfolgreich zu verlaufen. Selbstverständlich nahmen die Arbeiten mehrere Jahre in Anspruch. Der Durchstich erfolgte dann acht Jahre nach dem Beginn der Bauarbeiten, nämlich im Jahr 1944.

In der seit 1937 sukzessive mit Gleisanlagen ausgestatteten Tunnelbaustelle arbeiteten ab den späten 30er Jahren 414 Mann, die in extra errichteten, nahegelegenen Häusern wohnen sollten. Geplant waren insgesamt 20 Gebäude für die Belegschaft, tatsächlich errichtet wurden allerdings bis Kriegsbeginn wohl nur 16.

Der Erzabbau beidseits des Rheins ging selbstverständlich auch während des Krieges weiter und damit auch die Arbeiten am Durchstich. Allerdings verlor die Stolberger Zink AG in dieser Zeit die Mehrheit ihrer regulären Arbeiterschaft, weil die Männer zum Kriegsdienst eingezogen wurden. Den ausländischen Zivilarbeitern und Kriegsgefangenen, die die Arbeiten weiterführen sollten, gelang es aber kaum, die erfahrenen Bergleute zu ersetzen. Aufgrund der immer schwieriger werdenden Betriebsbedingungen, die sowohl mit dem Krieg und dem daraus resultierenden allgemeinen Mangel zu tun hatten als auch mit den nicht unbedingt motivierten und qualifizierten Ersatzarbeitskräften, musste der Erzabbau im Bereich Wellmich-Prinzenstein im Jahr 1944 eingestellt werden – in dem Jahr, in dem endlich der Durchstich geschafft worden war! Das Jahr 1944 bedeutete für den Rheintunnel also sowohl Erfolg als auch Verdruss. Technisch war das anspruchsvolle Vorhaben zwar geglückt, aber im Endeffekt dann doch an den politischen Umständen – also dem Krieg und seinen Auswirkungen auf das Mittelrheintal – gescheitert.

Am 18. März 1945, also unmittelbar vor dem Einmarsch der Amerikaner, sprengte die Wehrmacht Teile des Tunnels. Womöglich glaubten die Verantwortlichen, dadurch das Vorrücken der Amerikaner verhindern zu können; vielleicht wollten sie aber auch bloß vermeiden, dass dieses potenziell wichtige Industriebauwerk in die Hände des Feindes fiel; das heißt, basierend auf der Philosophie, dem Kriegsgegner im Fall seines Einmarsches nichts als „verbrannte Erde" zu hinterlassen, zerstörte man diesen einzigartigen Tunnel unter dem Rhein.

Nach dem Krieg wurde der Erzabbau wiederaufgenommen und bis 1961 fortgesetzt. Es kam auch zur Sanierung des Tunnels, der sogenannten Rheinstrecke, die aber nie wieder die ihr eigentlich zugedachte Bedeutung erreichen konnte. Das lag nicht zuletzt daran, dass die Metallpreise sanken, und die Höffigkeit der Grube, also die dort zu erzielende Erzausbeute, zurückging. „Wenn man heute", so schreibt Wolfgang David in seinem Aufsatz über die Grube „Consolidierte Gute Hoffnung" bei Wellmich-

Werlau, „die unterirdischen Anlagen befahren würde, käme das einer Wanderung durch verschiedene Epochen gleich. Man fände noch erhaltene, hölzerne Haspelbäume mit Handkurbeln, die aus dem vorigen [gemeint ist das 19.] Jahrhundert stammen, oder man könnte sich an einem an die Wand gemalten kernigen Spruch unter einem Hakenkreuz historisch inspirieren lassen."

Ein wenig gruselig wäre es in dem finsteren Gang, der dann wohl nur schummerig von der mitgebrachten Lampe des Besuchers erhellt würde, ganz gewiss. Aber etwas Unheimliches haben sie wohl alle an sich, die Tunnelbauten, ganz gleich, wie raffiniert sie konstruiert und wie

Prinzenstein   ©*Foto: Hans-Peter Zibell*

optimal sie technisch ausgestattet sein mögen. Vielleicht
ist das der Grund, weshalb es bisher nie wieder zum Bau
eines Tunnels unter dem Rhein kam. Hier, im Rheintal,
gibt es genügend Sagen und Legenden. Da braucht man
wohl keinen zusätzlichen, künstlichen Nervenkitzel,
zumal die Attraktionen, die den Besucher des Rheintals
zwischen Eltville und Ehrenthal erwarten, garantiert echt
sind.

In Ehrenthal kann man beispielsweise noch die Abraum-
halden der Gruben erleben und erwandern, die dort einst
bestanden haben. Während man dem gut ausgeschilderten
und mit zahlreichen interessanten Informationstafeln ver-

Altes Bergwerksgelände Prinzenstein   ©*Foto: Hans-Peter Zibell*

sehenen Bergbau- und Naturwanderpfad Richtung Prath oder Wellmich folgt, kann man sich darüber Gedanken machen, wie wohl das Leben eines Bergmanns in den vergangenen Jahrzehnten und Jahrhunderten ausgesehen haben mag. In jedem Fall war es ein schweres und körperlich erschöpfendes Dasein. Die Männer, die sich in den Gruben verdingten, mussten nämlich nicht nur unter Tage harte Arbeit leisten, sondern darüber hinaus manchmal noch stundenlang laufen, ehe sie überhaupt an Ort und Stelle waren. Das heißt, vor Arbeitsbeginn hatten sie schon viel Kraft in den Fußweg von zu Hause bis zu ihrer Arbeitsstelle investiert, und daheim erwartete sie dann oftmals noch eine kleine Landwirtschaft, ohne die das Überleben der Bergmannsfamilien schwerlich möglich gewesen wäre.

Denkt man über diese Männer und ihre Angehörigen nach, dann wird schnell deutlich, dass die angeblich so „gute alte Zeit" so gut denn doch nicht gewesen sein kann. Es waren vielmehr harte und belastende Zeiten, und man musste sehen, wie man über die Runden kam. Das galt natürlich nicht nur für die Wellmich-Ehrenthaler Bergleute, sondern darüber hinaus auch für die Menschen im „Flaschenhals" und außerdem für Freiligrath, Itzstein oder Gutenberg. Mögen die drei zuletzt genannten Männer – im Gegensatz zu den einfachen mittelrheinischen Bergleuten oder den meisten Einwohnern des „Freistaats Flaschenhals" – auch posthum zu Ruhm und Ehre gekommen sein, zu ihren Lebzeiten waren auch sie gezwungen, sich durchzuschlagen und gegen Ungerechtigkeiten anzukämpfen. Jede Zeit hat eben ihre Schattenseiten, und so gut wie niemandem ist es vergönnt, ein Leben ohne Schicksalsschläge, Sorgen und Nöte zu führen. Eva Orlopp, die Frau des ermordeten Hallgartener Försters, hat dies am eigenen Leib erfahren müssen. Ganz plötzlich stand sie ohne ihren Mann da und musste sehen, wie sie — finanziell und emotional — zurecht kam. Das traf auch auf die Angehörigen der Männer zu, die vergeblich versucht hatten, die führenden Köpfe des Deutschen Reiches im Zuge der Einweihung des Niederwald-Denkmals in die Luft zu sprengen.

Ein Besuch der Orte, die in diesem Büchlein angesprochen werden, konfrontiert den Gast also nicht nur mit dem historischen Ereignis an sich, sondern lädt ihn darüber hinaus zum Nachdenken ein. Und zwar zum Nachdenken über das Leben der Menschen in der Vergangenheit und über das eigene gegenwärtige Dasein. Man kann Vergleiche ziehen, Parallelen finden, sich glücklich schätzen, zu einem späteren Zeitpunkt auf die Welt gekommen zu sein, oder es bedauern, nicht schon früher gelebt zu haben. Die Geschichte und die Geschichten aus dem Rheingau und dem Mittelrheintal machen jedenfalls deutlich, wie eng die Vergangenheit und die Gegenwart miteinander verknüpft sind. Geschichte ist demnach kein alter Hut, sondern pralles Leben.

Quellen- und Literaturverzeichnis:

Quellen ungedruckt:

Hessisches Hauptstaatsarchiv Wiesbaden:
Best. 405 (Regierungspräsidium Wiesbaden)
Best. 411 (Landratsamt Limburg)
Privatarchiv Weingut Bahles, Kaub

Quellen gedruckt:

Amtliche Veröffentlichungen der Hohen Interalliierten Rhein-landkommission 1923-1925.

Deutsche Waffenstillstands-Kommission (Hg.): Die Deutsche Waffenstillstands-Kommission. Bericht über ihre Tätigkeit vom Abschluss des Waffenstillstandes bis zum Inkrafttreten des Friedens. Bd. 8. Charlottenburg 1920.

Reichsministerium für die besetzten Gebiete (Hg.): Dokumente zur Besetzung der Rheinlande. Heft 1: Die politischen Ordonnanzen der Interalliierten Rheinlandkommission und ihre Anwendung in den Jahren 1920-1924. Eine Sammlung von Belegstücken. Berlin 1925.

Reichsministerium für die besetzten Gebiete (Hg.): Dokumente zur Besetzung der Rheinlande. Heft 2: Eingriffe der Besatzungsbehörden in die Rechtspflege im besetzten Rheinland. Eine Sammlung von Belegstücken. Berlin 1925.

Reichsministerium für die besetzten Gebiete (Hg.): Urkunden zum Separatistenputsch im Rheinland im Herbst 1923. Berlin 1925.

Erinnerungen:

Allen, Henry T.: Mein Rheinland-Tagebuch. Berlin 1923.
Clemenceau, Georges: Größe und Tragik eines Sieges. Stuttgart 1930.

Mordacq, Henry: Die deutsche Mentalität. Fünf Jahre Befehlshaber am Rhein. Wiesbaden 1927.

Poincaré, Raymond: Memoiren. 3 Bde. Dresden 1928/1929.

Recouly, Raymond: Marschall Foch. Erinnerungen. Von der Marneschlacht bis zur Ruhr. Niedergeschrieben unter persönlicher Redaktion des Marschalls von Raymond Recouly. Dresden 1929.

Literatur:

Altenkirch, Franz Carl: Lorch im Rheingau. Die Geschichte der Stadt vom Ursprung bis zur Gegenwart. Wiesbaden 1926.

Becker, Jean-Jacques: Frankreich und der gescheiterte Versuch, das Deutsche Reich zu zerstören. In: Gerd Krumeich (Hg.): Versailles 1919. Ziele – Wirkung – Wahrnehmung. Essen 2001, S. 65-70.

Burkardt, Barbara/Pult, Manfred (Bearb.): Nassauische Parlamentarier. Ein biographisches Handbuch. Teil 2: Der Kommunallandtag des Regierungsbezirks Wiesbaden 1868-1933. Wiesbaden 2003.

Busdorf, Otto: Förstermord im Rheingau. In: Wilddieberei und Förstermorde. Bd. 3. Berlin 1931, S. 232-236.

Cathiau, Thomas (Bearb.): Das National-Denkmal auf dem Niederwald vom politisch-nationalen, geschichtlichen und ästhetisch-künstlerischen Standpunkte mit einem Rückblick auf das Hermanns-Denkmal im Teutoburger Walde und den Dom zu Köln und mit einem Führer auf und rings um den Niederwald. Erinnerungsblätter an die feierliche Enthüllung des Denkmals am 28. September 1883. Mainz 1883.

David, Wolfgang: Grube „Consolidierte Gute Hoffnung" bei Wellmich-Werlau. In: Kreisverwaltung Rhein-Lahn (Hg.): Bergbau im Rhein-Lahn-Kreis. Bad Ems 1994, S. 31-36.

Dierichs, Helga: Wie im Mittelalter. Der Freistaat Flaschenhals. In: Martin Maria Schwarz/Ulrich Sonnenschein (Hg.): Hessen vergessen. Orte der Erinnerung. Marburg 2003, S. 72-74.

Engelhardt, Rudolf: Das Niederwald-Denkmal. Bingen 1973.

Faber, Rolf: Die letzten fünfzig Jahre. In: Rolf Faber (Hg.): Biebrich am Rhein 874-1974. Chronik. Wiesbaden 1974, S. 143-161.

Fischer, Roman: Frankfurts Beitrag für das heutige Hessen. Wiesbaden 1990.

Freistaat-Flaschenhals-Initiative (Hg.): Historischer Freistaat Flaschenhals 1919 bis 1923 Kaub-Lorch am Rhein. Prospekt. o.J.

Gall, Lothar: Die Germania als Symbol nationaler Identität im 19. und 20. Jahrhundert. Göttingen 1983 (Sonderdruck).

Gorrenz, Heinz: Die Franzosenzeit 1918-1930. Frankfurt am Main ⁴1930.

Herborn, Helmut: Die Post im Freistaat Flaschenhals. In: Kreisausschuss des Landkreises Limburg-Weilburg (Hg.): Jahrbuch für den Kreis Limburg-Weilburg 1995. Limburg-Weilburg 1994, S. 58-64.

Hoehner, Albert: Ein Leben zwischen Lust und Frust! Wer war Johannes „Henchen" Gutenberg? In: Albert Hoehner/Klaus Wilinski: Gutenberg live (Phantomschmerzen). Mainz 1990, S. 45-47.

Huyer, Michael: Frankreich und Mainz – Geschichte um 1800 im Spiegel von Denkmälern. Blätter zum Land Rheinland-Pfalz 3/2001.

Klaus, Harald: Im „Freistaat Flaschenhals" blühte der Schmuggel. In: Heimat im Bild. 15. Woche. April 1999, S. 1.

Kunze, Karl: Das junge Deutschland und die politische Dichtung. In: Heinrich Pleticha (Hg.): Deutsche Geschichte Bd. 4. 1618-1815: Vom Dreißigjährigen Krieg zum Ende des Deutschen Reiches. Gütersloh 1998, S. 84-91.

Lehmann, Hans Georg: Deutschland-Chronik 1945 bis 1995. Bonn 1995.

Loreleystadt St. Goarshausen (Hg.): Wellmich und Ehrenthal, die nördlichen Vororte der Loreleystadt St. Goarshausen. Das Leben im Mittelalter, der neuzeitlichen Epoche und heute. St. Goarshausen 1993.

Magistrat der Stadt Eltville am Rhein (Hg.): Gutenberg in Eltville oder wie sich die Buchdruckkunst die Welt eroberte... . Katalog zur Ausstellung. Dreieich o.J.

Mordacq, Henry: Die deutsche Mentalität. Fünf Jahre Befehlshaber am Rhein. Wiesbaden 1927.

Müller, Helmut: Schlaglichter der deutschen Geschichte. Bonn ³1996.

Plessen, Marie-Louise von (Hg.): Marianne und Germania 1789-1889. Frankreich und Deutschland. Zwei Welten – Eine Revue. Berlin 1996.

Pleticha, Heinrich: Der „Deutsche Bund" zur Zeit der Revolution 1848/49. In: Heinrich Pleticha (Hg.): Deutsche Geschichte Bd. 4. 1618-1815: Vom Dreißigjährigen Krieg zum Ende des Deutschen Reiches. Gütersloh 1998, S. 116-149.

Popp, Georg: Die Großen der Welt. Künstler und Wissenschaftler, die jeder kennen sollte. Gütersloh o.J., S. 79-84 (Johannes Gutenberg).

Reinhold, Dieter: Untergang und Neugestaltung: Deutschland zwischen Revolution und Napoleon. In: Heinrich Pleticha (Hg.): Deutsche Geschichte Bd. 4. 1618-1815: Vom Dreißigjährigen Krieg zum Ende des Deutschen Reiches. Gütersloh 1998, S. 336-379.

Roßkopf, Josef: Johann Adam von Itzstein. Mainz 1954 (Inaugural-Dissertation).

Roßkopf, Josef: Der Orlopp-Gedenkstein. Erinnerung an einen Förstermord in Hallgarten. In: Hallgarten. Abhandlungen zur Geschichte und Kunstgeschichte des Rheingauer Weindorfes. Hallgarten im Rheingau 1991, S. 80-84.

Sartorius, Otto: Das National-Denkmal auf dem Niederwald. Bingen am Rhein 1888.

Scheid, Rudolf: Die sozialen Aspekte des Bergbaus und ihre Auswirkungen. In: Kreisverwaltung Rhein-Lahn (Hg.): Bergbau im Rhein-Lahn-Kreis. Bad Ems 1994, S. 18-22.

Schildt, Axel: Die Republik von Weimar. Deutschland zwischen Kaiserreich und „Drittem Reich" (1918-1933). Erfurt 1997.

Schreeb, Hans Dieter: Die Krone am Rhein. Geschichte und Geschichten eines berühmten Hotels. Mainz-Kastel [1]2005.

Schubert, Klaus/Klein, Martina: Politiklexikon. Bonn [2]2001.

Schulze, Hagen: Weimar. Deutschland 1917-1933. Die Deutschen und ihre Nation. Berlin 1982.

Schwind, Margarete: Das Bismarck-Reich. In: Heinrich Pleticha (Hg.): Deutsche Geschichte. Bd. 5. 1815-1918: Restauration und Bismarck-Reich. Gütersloh 1998, S. 210-245.

Süß, Martin: Rheinhessen in der französischen Besatzungszeit nach dem Ersten Weltkrieg (1918-1923). Mainz 1987.

Tittel, Lutz: Das Niederwald-Denkmal bei Rüdesheim am Rhein. Denkmalführer. Friedrichshafen 1985.

Unfricht, Martin/Zsótér, Michael: Der Werlau-Wellmicher Gangzug. Geschichte, Geologie und Mineralogie. In: Emser Hefte 3/1987, S. 11-38.

Weber-Fas, Rudolf: Das kleine Staatslexikon. Politik. Geschichte. Diplomatie. Recht. Stuttgart 1995.

Winkler, Hans-Joachim: Die Weimarer Demokratie. Eine politische Analyse der Verfassung und der Wirklichkeit. Berlin 1963.

Winkler, Heinrich August: Deutsche Geschichte vom Ende des Alten Reiches bis zum Untergang der Weimarer Republik. Bonn 2000.

Zinser, Marco: Der „Freistaat" Flaschenhals. Unveröffentlichte Staatsexamensarbeit (Universität Mainz) 2001.

Internetquellen:

Der Freistaat Flaschenhals. Das groteskeste Gebilde der Besatzungszeit. Von E.[dmund] Pnischeck, Bürgermeister von Lorch: http://www.loreley.de/flaschenhals/Default.htm [20.06.2005].

Eltville: www.eltville.de [23.05.2007]

Ferdinand Freiligrath: http://www.stefanbaldi.de/rheingau-chronik.de/Menschen/Personen/Ferdinand%20Fre... [11.08.2005]

Ferdinand Freiligrath: http://www.jhelbach.de/freiligr/freiligr.htm [11.08.2005]

Ferdinand Freiligrath (Briefe): http://www.ferdinandfreiligrath.de/pgs/200/202.php?suche_id=93120&sortierung=adr... [11.08.2005]

Ferdinand Freiligrath: Ein Glaubensbekenntniß (Vorwort): http://www.jhelbach.de/freiligr/glvor.htm [11.08.2005]

Ferdinand Freiligrath: Ein Glaubensbekenntniß: http://www.jhelbach.de/freiligr/glauben3.htm [11.08.2005]

Ferdinand Freiligrath: Erkenntniß des königlichen Ober-Censurgerichtes in Sachen der „Kölnischen Zeitung": http://www.jehlbach.de/freiligr/zensur.htm [11.08.2005]

Ferdinand Freiligrath (Lexikon Westfälischer Autoren und Autorinnen 1750-1950): http://www.lwl.org/literaturkommission/alex/index.php?id=00000003&letter=&place... [11.08.2005]

Ferdinand Freiligrath (Wikipedia): http://de.wikipedia.org/wiki/Ferdinand_Freiligrath [11.08.2005]

Hotel Krone: http://www.stefanbaldi.de/rheingau-chronik.de/Bauwerke/Andere_Bauwerke/Hotel%... [11.08.2005]

Initiative Freistaat Flaschenhals: http://www.freistaat-flaschenhals.de [05.06.2007]

Jagdschloss Niederwald: http://www.niederwald.de [16.01.2007]

Versailler Vertrag vom 28. Juni 1919 (in Kraft ab 10. Januar 1920): http://www.versailler-vertrag.de [17.06.2005]

Waffenstillstandsabkommen von Compiègne vom 11. November 1918: http://www.dhm.de/lemo/html/dokumente/waffenstillstand/index.html [17.06.2005]

Die Autorin

Dr. phil. habil. Stephanie Zibell, Jahrgang 1966, studierte Politikwissenschaft, Germanistik und Publizistik; 1992 Magister Artium, 1999 Promotion, 2003 Habilitation. Zwischen 1990 und 1995 Mitarbeit am Projekt „Widerstand und Verfolgung im Dritten Reich in Hessen" (Hessisches Hauptstaatsarchiv in Wiesbaden), danach Übernahme eines Lehrauftrags an der Europafachhochschule Fresenius in Idstein. Im Sommer 2000 Wechsel an die Universität Mainz. Seit 2003 Privatdozentin am dortigen Institut für Politikwissenschaft mit den Schwerpunkten Zeitgeschichte und Politisches System der Bundesrepublik Deutschland. Wissenschaftliche Auseinandersetzung mit der Zeit des Nationalsozialismus und den Anfängen der Bundesrepublik Deutschland, zum Beispiel „Jakob Sprenger (1884-1945). NS-Gauleiter und Reichsstatthalter in Hessen" (Darmstadt 1999), „Worms von 1945 bis zur Gegenwart" im Rahmen der „Geschichte der Stadt Worms" (Stuttgart 2005), „Politische Bildung und demokratische Verfassung – Ludwig Bergsträsser (1883-1960)" (Bonn 2006).

Wellmich

Sankt Goarshausen

Sankt Goar

Freistaat

Kaub

Flaschenhals

Assmanshau

Bingen

Rheingau
und
Mittelrheintal

Hallgarten

Eltville

desheim

Weg- und Wanderbeschreibungen:

Die im Folgenden vorgestellten Weg- und Wanderbeschreibungen führen an den Orten und Denkmälern vorbei, die in den vorangegangenen Geschichten eine wichtige Rolle gespielt haben. Den Pfaden, Wegen und Straßen zu folgen, ermöglicht demnach ein intensives Geschichts- und Landschaftserleben. Man ist den Ereignissen, die sich dereinst hier abgespielt haben, plötzlich ganz nah.

Wenn es Sie nach der Lektüre dieses Büchleins also unaufhaltsam in Richtung Rheingau und Mittelrheintal zieht, dann sollten Sie nicht nur die „Rheingeschichten" im Gepäck haben, sondern außerdem noch eine gute Wanderkarte im Maßstab von 1:25.000. **Wandern oder radeln Sie bitte nie ohne die entsprechende Karte im Rucksack los.** Zu erwerben sind diese Karten in aller Regel im Fachhandel (also zum Beispiel in Buchgeschäften) oder bei den zuständigen Landesvermessungsämtern (von Rheinland-Pfalz bzw. Hessen).

Adressen:

Landesamt für Vermessung
und Geobasisinformation
Rheinland-Pfalz
Ferdinand-Sauerbruch-Str. 15
56073 Koblenz
Tel.: 0261/492-0
eMail:
poststelle@lvermgeo.rlp.de

Hessisches Landesamt für
Bodenmanagement und
Geoinformation
Schaperstr. 10
65195 Wiesbaden
Tel.: 0611/535-0
eMail:
info.hlbg@hvbg.hessen.de

Mit Hilfe dieser Karten können Sie die vorgeschlagenen Routen nicht nur optimal nachvollziehen, sondern außerdem noch nach Belieben verkürzen oder erweitern. Somit wird es Ihnen auch möglich, die Kilometer, die Sie zurücklegen möchten, präzise zu berechnen, ebenso wie die Zeit, die Sie für das Zurücklegen der gewählten Wegstrecke veranschlagen müssen. Ich bin bei meiner Zeitberechnung davon ausgegangen, dass der durchschnittliche Wanderer vier Kilometer pro Stunde hinter sich bringt. Falls Sie ein wenig schneller oder langsamer gehen, **sollten Sie die Routenplanung Ihren Kräften entsprechend einrichten** und dabei bedenken, dass nicht alle Wege gleich bequem zu begehen sind. Es sind auch sehr anstrengende darunter, wie zum Beispiel jener von Lorch nach Kaub, weshalb Sie hier vorsichtshalber ein halbes Stündchen mehr einplanen sollten, damit Sie bezüglich der Heimfahrt (sofern Sie die mit der Bahn antreten wollen) nicht unter Druck geraten.

Übrigens gibt es in nahezu allen Ortschaften, die Sie durchwandern, **gute Einkehrmöglichkeiten** (das gilt zumindest für das Wochenende). Um das leibliche Wohl müssen Sie sich also keine allzu großen Sorgen machen, wenn Sie im Rheingau und am Mittelrhein unterwegs sind.

Die vorgeschlagenen Touren können generell zu Fuß, aber manchmal auch mit dem Fahrrad unternommen werden. Für die Anreise ist zuweilen das Auto nötig, oftmals kann man sich aber auch der Bahn bedienen.

Genießen Sie also vor Ort Geschichte und Geschichten rund um den Rheingau und das Mittelrheintal!

Tour 1: Hallgarten – Itzstein-Haus und Orlopp-Denkmal

Anfahrt mit dem Auto:
B 42 bis Abfahrt Oestrich/Hallgarten in Höhe Schloss Reichartshausen (European Business School). Beschilderung Richtung Hallgarten folgen.
Kurz vor Ortsbeginn gabelt sich die (Hattenheimer) Straße: Rechts geht es in Richtung Siedlung Rebhang, geradeaus hinein in den Hallgartener Ortskern und links Richtung Hallgartener Friedhof (und Oestrich). Vorschlag: Biegen Sie links ab, und parken Sie an den ausgewiesenen Parkplätzen am Friedhof. Von nun an geht es zu Fuß weiter.

Zu Fuß zum Itzstein-Haus:
Folgen Sie dem Oestricher Weg in Richtung Hallgarten, und biegen Sie in die erste Straße, die auf den Hallgartener Platz folgt, links ein. Das ist die Niederwaldstraße. Folgen Sie dem Straßenverlauf, bis Sie – ziemlich am Ende der Straße – schließlich auf das linker Hand gelegene ehemalige Gut des „Revoluzzers" Johann Adam von Itzstein stoßen. Es liegt malerisch am Rande der Weinberge (Lage Schönhell) mit Blick auf das Städtchen Oestrich, den „Vater Rhein" höchst selbst und die linke Rheinseite (mit den Gebieten um Heidesheim und Ingelheim).

Zu Fuß weiter zum Orlopp-Denkmal:
Je nach Geschmack können Sie nun den Ort durchwandern oder das Dörfchen rechts liegen lassen und durch die

Weinberge (quer durch die Lage Würzgarten) bis zum Sportplatz (Turnhalle) und weiter in Richtung Hallgartener Zange laufen. (Beschreibung wie unten.)

Durch Hallgarten: Gehen Sie die Niederwaldstraße zurück in Richtung Oestricher Weg. Biegen Sie dort links ab in Richtung Kirche, lassen Sie das (alte) Rathaus, in dem jetzt das Stadtarchiv untergebracht ist, sozusagen rechts liegen, und biegen Sie in die Taunusstraße ein, die Sie unweigerlich in **Richtung Sportplatz** führt. Folgen Sie dem Weg, der Sie an der Sportanlage (Turnhalle – sie muss rechts von Ihnen liegen) vorbei- und in den Wald hineinführt, bis Sie nach knapp zwei Kilometern (bitte nirgends rechts abbiegen!) ohne besonderes Dazutun auf die (betonierte) Straße stoßen, die als Zubringerweg zur Hallgartener Zange bzw. dem Parkplatz an der Kreistanne dient. Überqueren Sie die Straße, und gehen Sie auf dem Waldweg weiter in Richtung Hallgartener Zange. Nach rund 500 Metern gabelt sich der Weg. Sie gehen bitte den linken Weg weiter bis zur Kreistanne. Ab dem Parkplatz Kreistanne folgen Sie dem mit einem **grünen Tannenbaum ausgeschilderten Wanderweg (ca. 4 km)**, der Sie automatisch zum Förster-Orlopp Denkmal geleitet und anschließend wieder zum Parkplatz zurückführt. Von hier aus können Sie dann den „dritten Weg" in Richtung Siedlung Rebhang nehmen. Der „erste Weg" ist der mit der grünen Tanne bezeichnete, den Sie bereits gelaufen sind, der „zweite" derjenige, der direkt zur Zange führt, und der „dritte" ist der Weg, der zwischen diesen beiden gelegen ist und bergab führt. Den schlagen Sie ein und folgen ihm, bis Sie nach etwas mehr als einem Kilometer auf einen Hauptweg stoßen. Gehen Sie diesem Hauptweg nach bis zum Unkenbaum. Dort biegen Sie rechts – an den Häusern vorbei (das ist der Unkenbaumweg) – in Richtung Siedlung Rebhang ab. Folgen Sie dem Verlauf der Hauptstraße (Rebhangstraße), bis Sie wieder vor den Toren Hallgartens – an der Hattenheimer Straße – stehen. Überqueren Sie die Hattenheimer Straße, und gehen Sie geradeaus zurück in Richtung Friedhof, wo Sie Ihr Auto abgestellt haben.

Übrigens: Wer nicht so gut zu Fuß ist, kann auch mit dem Auto über die Rebhangstraße in Richtung Zange bis zum Parkplatz Kreistanne fahren.

Volle Wegstrecke: ca. 15 km
Gehzeit: ca. 4 Std.
Tannenbaumweg zum Orlopp-Denkmal: ca. 4 km
Gehzeit: ca. 1 Std.

Tour 2: Von Assmannshausen nach Rüdesheim: Germania (Niederwald-Denkmal), Jagdschloss Niederwald und die Herberge Freiligraths

Mit dem Auto:

B 42 bis Assmannshausen; dann über den beschrankten Bahnübergang hinweg in den Ortskern hinein. Anschließend dem Verlauf der Höllenbergstraße (der Höllenberg ist eine der berühmtesten Rotweinlagen der Welt!) in Richtung Aulhausen folgen. Kurz hinter dem Ortsausgang Assmannshausens befindet sich rechts ein großer Parkplatz. Von hier ab geht es zu Fuß weiter.

Der Weg zum Niederwald-Denkmal/Visite bei der Germania:

Zunächst laufen Sie zurück in den Ortskern der bekannten Rotweingemeinde Assmannshausen und biegen dort – an der anno 1408 gegründeten Gastwirtschaft „Alte Bauernschänke" – links in die Niederwaldstraße ein. Nach ein paar (allerdings steilen) Metern gehen Sie nach rechts in den Bohrenweg, der zur Nikolausschule führt. Sie passieren die Schule und folgen fortan treu und brav dem Hauptweg (einem gut ausgebauten Wirtschaftsweg, der von Assmannshausen nach Rüdesheim führt). Unterwegs passieren Sie die Burgruine Ehrenfels. Wenn Sie hier einen Augenblick verharren und auf die andere Rheinseite schauen, sehen Sie den einstmals als großen Truppenumschlagplatz bekannten, Ende der 1850er Jahre entstandenen Bahnhof Bingerbrück (heute Bingen Hauptbahnhof) sowie das Städtchen Bingen selbst und die Nahe-Mündung.

Sofern Sie sich trotz des fantastischen Ausblicks nicht haben ablenken lassen und daher auch nicht vom Hauptweg abgekommen sind, stoßen Sie alsbald auf Hinweisschilder, die Sie sicher zum Niederwald-Denkmal geleiten. Nachdem Sie die Germania umrundet und sie gebührend um ihren herrlichen Ausblick auf den Rheingau, das Mittelrheintal und Rheinhessen beneidet haben, gehen Sie den Tempelweg — er ist ausgeschildert! — entlang, der Sie vom Niederwald-Denkmal zum Jagdschloss Niederwald bringt, wo sich dereinst die westdeutschen Ministerpräsidenten zur Beratung über die politische Zukunft der späteren Bundesrepublik Deutschland versammelt hatten.

Von hier aus können Sie entweder bequem mit dem Sessellift nach Assmannshausen zurückkehren (fährt nicht in den Wintermonaten!) oder aber zu Fuß durch Wald und Weinberge zu Tale schreiten. (Sämtliche Wege und auch der Zugang zur Sesselbahn sind gut ausgeschildert.)

Zu Freiligraths Herberge in Assmannshausen:

Wenn Sie sicher in Assmannshausen gelandet sind und sich noch kräftig genug fühlen, um einen Abstecher zu Freiligraths Assmannshäuser Unterschlupf, der „Krone", zu machen, dann spazieren Sie einfach quer durch den Ort und seine charmanten schmalen Gässchen in Richtung Rheinufer. Gehen Sie sodann rechts die Rheinuferstraße entlang, die später Rheinallee heißt, in Richtung Lorch. Dann stoßen Sie nach wenigen Metern automatisch auf die „Krone". Vor dem Haupthaus mit dem schicken Restaurant bleiben Sie bitte stehen und schauen bewundernd zu dem berühmten Dichter auf, der hoch über all den Geschöpfen, die in Assmannshausen umherflanieren, zu thronen und sich seinen klugen, vielleicht etwas abgehobenen Gedanken hinzugeben scheint. (Keine Sorge: Er schaut nicht auf Sie herab, sondern bestenfalls über Sie hinweg.)

Übrigens: Wenn Sie dem Straßenverlauf (Rheinuferstraße/Rheinallee) Richtung Lorch weiterhin folgen, also die „Krone" hinter sich lassen, stoßen Sie am Ortsausgang (vis-à-vis der Burg Rheinstein) auf ein imposantes altmodisches Gebäude (mit modernem Anbau). Dabei handelt es sich um das örtliche Altersheim, das allerdings nicht immer eine Seniorenresidenz war, sondern früher das Assmannshäuser Kurhaus beherbergte. Jenes Gemäuer also, in dem einst die heißen Quellen zum Einsatz kamen, mit denen die Assmannshäuser versuchen wollten, dem Kurort Bad Ems die Gäste streitig zu machen.

Volle Wegstrecke: ca. 10 km
Gehzeit: ca. 2 1/2 Std.

Tour 3: Unterwegs im „Freistaat Flaschenhals": Von Lorch nach Kaub – Eine Tagestour –

Die Anreise mit der Bahn:
Diese längere und nicht ganz unbeschwerliche Wandertour (alternativ auch Fahrradtour) führt Sie, wenn Sie es denn mögen, durch einen Teil des ehemaligen „Staatsgebiets" des „Freistaats Flaschenhals". Da es die befestigte Rheinuferstraße, die B 42, zur damaligen Zeit in der asphaltierten Form noch nicht gab, schlage ich vor, dass Sie – um das „Flaschenhals"-Gebiet und das dazugehörige „Flaschenhals"-Lebensgefühl möglichst authentisch erleben zu können – mit einem auch zur damaligen Zeit gängigen Verkehrsmittel in den „Flaschenhals" reisen, nämlich mit der Bahn. (Keine Angst – Ihr Zug wird nicht von ungnädigen Besatzungssoldaten angehalten werden!!) Kaufen Sie sich also einen Fahrschein nach Lorch, und steigen Sie am dortigen Bahnhof aus. Von hier aus – Sie stehen übrigens schon mitten im „Flaschenhals"-Gebiet – geht es zu Fuß oder mit dem (mitgebrachten) Fahrrad weiter.

Der Umweg von Lorch nach Kaub:
Dieser Weg von Lorch nach Kaub führt Sie über Sauerthal. Das ist fürwahr nicht der Weg, den ein Bewohner des „Flaschenhalses" genommen hätte, um an sein Ziel zu kommen. (Aus Zeit- und Kraftgründen hätte er selbstver-

ständlich den direkten, wesentlich kürzeren Weg am Rhein entlang gewählt!) Die Route über Sauerthal nach Kaub ist also wirklich und wahrhaftig ein richtig weiter Umweg, aber einer, den zu gehen (oder mit dem Rad zu befahren) es sich lohnt. Deshalb bitte ich Sie: Lassen Sie sich (ver-) führen! Gehen oder radeln Sie vom Bahnhof die Rhein-uferstraße entlang bis zur Schwalbacherstraße, die in Richtung Wisper/Wispertal/Wispertalstraße führt. Folgen Sie nun dem Verlauf dieser (Haupt-)Straße durch Lorch (Richtung Bad Schwalbach), bis Sie auf die Heilig-kreuzkapelle stoßen, die vis-à-vis dem jetzigen Gewerbe-gebiet und früheren Bundeswehrstandort Lorch liegt. Hier, in Sichtweite des Ranselbergs und der Straßenab-zweigung nach Ransel und Sauerthal, verlassen Sie die Hauptstraße und biegen links in den Fußweg Richtung Sauerthal ab. (Dieser Weg, der direkt an der rechts von Ihnen liegenden Kapelle beginnt, verläuft parallel zum Tiefenbach, in dem Sie im Notfall auch qualmende So-cken kühlen können.) Sie wandern auf diesem Weg bis Sau-erthal und genießen den grandiosen Ausblick auf die Sauer-burg, die Sie von Sauerthal aus auch besuchen können.

In Sauerthal biegen Sie an der Kirche links in die Burg-straße ab und folgen entweder der ausgeschilderten Lore-leyburgenstraße oder dem ebenfalls gut gekennzeichneten Rheinhöhenweg in Richtung Kaub. Beide Wege sind ange-nehm zu begehen oder zu befahren, da sie durchgängig befestigt sind. Der Loreleyburgenweg führt Sie von Sauer-thal aus (über den Wirtschaftsweg) das Volkenbachtal entlang (vorbei an den alten Bergwerken Jungewald und Ernestineschacht) nach Kaub. Wenn Sie diesen Weg wählen, kommen Sie relativ nah am Kauber Bahnhof heraus. Ein bisschen anders ist es, wenn Sie sich für den Rheinhöhenweg entscheiden. In diesem Fall gehen Sie von Sauerthal aus über den ausgeschilderten Rheinhöhenweg (über Sauerberg), bis sich der Loreleyburgen- und der Rheinhöhenweg zusammenschließen (also eine Weile parallel verlaufen). Einige Zeit später aber trennen sich die beiden Routen wieder, und Sie folgen sodann dem Rheinhöhenweg, der Sie über den Rennseiter- und den Barbarastollen nach Kaub (Innnenstadt) führt. Wenn Sie sich also für den Rheinhöhenweg nach Kaub entscheiden, müssen Sie noch ein paar Minuten mehr Zeit einkalkulieren, bis Sie wieder an Ihrem Ausgangspunkt, nämlich dem Lorcher Bahnhof, stehen, von wo aus Sie bequem mit dem Zug nach Hause zuckeln können.

Wenn Sie die Zeit aber nicht zu sehr drängt, sollten Sie noch einen Abstecher in den Ort machen. Hier gibt es viel Interessantes zu entdecken, auch und gerade im Zusammenhang mit dem „Freistaat Flaschenhals", denn hier — im „Mainzer Torturm" — lebte zum Beispiel der Maler Erich Nikutowski, der Zeichnungen für die erste „Flaschenhals-Notgeldserie" lieferte.

Wenn Sie nach der Visite in Kaub noch immer guter Dinge und darüber hinaus gut zu Fuß sind, könnten Sie den Rheingauer Rieslingpfad nehmen, der am Kauber

Bahnhof beginnt, und über Lorchhausen und die Ruine Nollig nach Lorch zurücklaufen (oder radeln). Der Weg ist schön, und es lohnt sich, seinem Verlauf zu folgen, aber wenn man schon einige Kilometer in den Knochen hat, kann er sich ziehen. Der Vorschlag, der den Rückweg betrifft, ist also eher etwas für hartgesottene Wanderer oder gut trainierte Radfahrer!

Volle Wegstrecke (Lorch-Kaub-Lorch): ca. 32 km
Gehzeit: ca. 8 Std.
Wegstrecke Lorch-Kaub: ca. 18 km
Gehzeit: 4-5 Std.

Tour 4: In der Nähe des Rheintunnels: Der Bergbau- und Landschaftspfad Wellmich – Prath – Ehrenthal

Die Anreise mit dem Auto:
Der gut ausgeschilderte Bergbau- und Landschaftspfad startet in Ehrenthal, und zwar – jeweils abhängig von Ihrer Anreiserichtung – entweder am Ortsausgang (falls Sie von Kaub/Lorch kommen und in Richtung Koblenz fahren) oder am Ortseingang (sofern Sie von Koblenz kommen und in Richtung Kaub/Lorch fahren). Vorsicht! Der schmale Weg (direkt an der Bushaltestelle gelegen!) ist leicht zu verpassen.

Von hier ab geht es zu Fuß weiter:
Haben Sie das Sackgässchen trotz seiner etwas versteckten Lage gefunden und Ihr Auto geparkt, unterqueren Sie bitte die Bahnlinie und folgen dem Weg, der eine zeitlang parallel zur Bahnlinie und zum Rhein verläuft, bis er sich nach einigen hundert Metern nach links wendet und einen sehr steilen Hang hinaufführt.

Folgen Sie fortan einfach der Beschilderung, und nehmen Sie sich die Zeit, die über 30 interessanten Hinweistafeln zu studieren, die Aufschluss über Flora, Fauna und Geschichte dieser Ecke des Mittelrheintals geben.

Der Weg führt Sie über Felder und Wiesen nach Prath und liefert Ihnen fantastische Ausblicke auf den Rhein und die Hügel, die sich rechts und links des Flusses erheben. Nach einer Weile gelangen Sie zu dem (ausgeschilderten) Wald-weg, der Sie in sanften Serpentinen – vorbei am etwas ver-steckt gelegenen „Alten Pulverturm" – ins Rheintal und zur Ortschaft Wellmich bringt, über der die Burg Maus (heute ein in Privatbesitz befindlicher Adler- und Falken-hof) majestätisch thront.

Bitte durchqueren Sie Wellmich, in dem Sie der Haupt-straße folgen (die Bachstraße heißt), und begeben Sie sich hinunter zur B 42, wo Sie der Berg- und Landschaftspfad an der Straße entlang (Richtung Koblenz) zurück nach Ehrenthal führt. (Sicherer Fußweg vorhanden!)

Parken und Starten in Wellmich:
Sie können die Wanderung natürlich auch in umgekehrter Richtung vornehmen. In diesem Fall starten Sie am Orts-eingang Wellmich. Parken Sie Ihr Auto an dem Parkplatz am Rhein, den Sie von der B 42 aus (gleich, ob nun aus Richtung Koblenz oder Richtung Lorch/Kaub kom-mend) gut erreichen können. Sodann gehen Sie nach Well-mich hinein und folgen dem Verlauf der Hauptstraße (die Bachstraße heißt), bis Sie – wenige Meter nach dem mar-kanten Gasthaus „Saustall" – auf der linken Seite auf die Beschilderung „Berg- und Landschaftspfad" stoßen. Wenn Sie dem Verlauf des Weges folgen, werden Sie einige Stun-den später in Ehrenthal landen und die B 42 in Richtung Wellmich zurückmarschieren.

Wegstrecke: ca. 8 km
Gehzeit: ca. 2 1/2 Std.

Tour 5: Vom Schiersteiner Hafen zu Gutenbergs Familiensitz in Eltville

Start in Wiesbaden:

Unsere Wanderung (alternativ auch mit dem Fahrrad zu bewerkstelligen) beginnt am Schiersteiner Hafen, der mit dem Stadtbus optimal zu erreichen ist. Spazieren Sie entlang der Rheinfront des Wiesbadener Ortsteils Schierstein (Hafenstraße) in Richtung Wasserwerk. Folgen Sie dem Verlauf des ausgeschilderten und gut ausgebauten Wegs über die Schiersteiner Aue (vorbei an der Rückseite des Wasserwerks, dessen weitläufiges Areal die Speisekammer der berühmten Storchenkolonie Schiersteins darstellt) in Richtung Niederwalluf.

Dort – kurz hinter dem Sportplatz – stoßen Sie auf den Wallufer Weinstand, der direkt am Rheinufer und neben einer kleinen Grünanlage liegt. Sollten Sie also von der Wanderung durstig geworden sein, können Sie hier – während der Sommermonate – ein Schöppchen zu sich nehmen. Gestärkt durch einen guten Tropfen Riesling oder einen rubinroten Spätburgunder aus der Lage Walkenberg, Bergbildstock oder Oberberg wandern Sie den alten Treidelpfad entlang in Richtung Eltville.

Bei Gutenbergs in Eltville:

Dort, in Eltville, passieren Sie zunächst die Burg Crass und gelangen anschließend zur Kurfürstlichen Burg, deren Turm das Eltviller „Gutenberg-Museum" beherbergt, das zwischen April und Oktober (in der Regel an Sonn- und

Feiertagen) besichtigt werden kann. Unmittelbar hinter der Kurfürstlichen Burg, in der Gutenberg anno 1465 zum Hofmann ernannt wurde, verläuft die Burghofstraße. Hier, auf dem Grundstück der Hausnummer 1, befand sich der Familiensitz der Gensfleischs/Gutenbergs. Allerdings sind die Gebäude, in denen sich dereinst Johannes und sein Bruder Friele aufgehalten haben, nicht mehr vorhanden. Sie fielen wahrscheinlich um 1635 einem großen Brand zum Opfer. Ganz in der Nähe der früheren Gutenbergschen Wohnung, nämlich in der Kirchgasse, befand sich die Druckwerkstatt der Gebrüder Bechtermünze. Auch sie existiert längst nicht mehr, aber der „Hof Bechtermünze" (ausgeschildert) kann heute noch bestaunt werden.

Nach so viel (Buch-)Kultur kann ein kleines Schlückchen Wein nicht schaden. Ich schlage Ihnen daher vor, sich zurück ans Rheinufer zu begeben und sich am Eltviller Weinprobierstand ein Tröpfchen zu genehmigen (zum Beispiel aus der Lage Sonnenberg), um sich auf diese Weise fit für den Heimweg zu machen. (Wenn Sie nach dem Weingenuss überraschenderweise keine Lust mehr auf eine Wanderung nach Wiesbaden verspüren sollten — die Sie übrigens über den selben Weg führen würde, den Sie gekommen sind —, dann können Sie natürlich auch Bus oder Bahn benutzen, um bequem und sicher nach Hause zu kommen.)

Wegstrecke Wiesbaden-Eltville: ca. 8 km
Gehzeit: ca. 2 Std.

Ortsverzeichnis

Namensverzeichnis

Das Lexikon für den Rheingau

Oliver Bock
**Rheingau
von A bis Z**
136 Seiten, Pappband mit
zahlreichen Farbabbildungen
ISBN 978-3-7973-0921-1
€ 12,80

Der Rheingau ist eine der schönsten Regionen Deutschlands. Zwischen Rhein, Reben und kurstädtischem Flair
macht man in dieser begnadeten Landschaft immer wieder neue Entdeckungen und überraschende Erfahrungen.
Oliver Bock, einer der besten Kenner der Gegend, hat in
seinem neuen Buch alles zusammengefasst, was man über
den Rheingau wissen muss. Vom Freistaat Flaschenhals
bis zur Drosselgasse, vom Jazz bis zum Rheingau Musik
Festival und von den Weinbruderschaften bis zur Wisper-
forelle führt er Schönes, Merkwürdiges und Wissenswer-
tes auf.

„Wer noch kein Rheingau-Fan ist, wird es spätestens
nach der Lektüre dieses Buches sein."
Frankfurter Allgemeine Sonntagszeitung